UN MINUTO CON LOS HOMBRES DE LA BIBLIA

JIM GEORGE

EDITORIAL PORTAVOZ

La misión de *Editorial Portavoz* consiste en proporcionar productos de calidad —con integridad y excelencia—, desde una perspectiva bíblica y confiable, que animen a las personas a conocer y servir a Jesucristo.

Título del original: *One Minute with the Men of the Bible*, © 2018 por Jim George y publicado por Harvest House Publishers, Eugene, Oregon 97402. Traducido con permiso.

Traducción: Ricardo Acosta

EDITORIAL PORTAVOZ
2450 Oak Industrial Drive NE
Grand Rapids, Michigan 49505 USA
Visítenos en: www.portavoz.com

ISBN 978-0-8254-5897-2 (rústica)
ISBN 978-0-8254-6650-2 (Kindle)
ISBN 978-0-8254-7466-8 (epub)

1 2 3 4 5 edición / año 28 27 26 25 24 23 22 21 20 19

Impreso en los Estados Unidos de América
Printed in the United States of America

Contenido

Segunda parte: Hombres del Nuevo Testamento

Tercera parte: Jesús, el hombre más grande que haya vivido jamás

PRIMERA PARTE

HOMBRES DEL ANTIGUO TESTAMENTO

Aarón

Un hombre que fue un líder débil

Tú [Moisés] hablarás a él [Aarón], y pondrás en su boca las palabras.

Éxodo 4:15

Dios llamó a Aarón para que fuera portavoz de Moisés ante los líderes de los hijos de Israel y ante el rey de Egipto. Este fue un gran honor, e inicialmente Aarón hizo bien esta labor. Pero en alguna parte, en medio de todo lo que estaba pasando, Aarón se convirtió en un hombre que se perdió a la sombra de Moisés, uno de los personajes bíblicos más grandiosos de todos los tiempos. A pesar de que Aarón fue corresponsable en el éxodo masivo, y a menudo estuvo hombro a hombro con Moisés contra la rebelión del pueblo, nunca pareció ser un personaje central o esencial. Sus más grandes momentos fueron como seguidor. Y, trágicamente, las dos ocasiones en que estuvo solo como líder demostró ser débil. (Véase el incidente con el becerro de oro en Éxodo 32, y la vez en que él y Miriam cuestionaron el liderazgo de su hermano Moisés en Números 12).

¿Qué lecciones puedes aprender de la vida de Aarón?

- *Examínate a menudo en busca de áreas de debilidad.* Evalúa con sinceridad tus fortalezas y debilidades.

Busca a quienes pueden ayudarte a evitar situaciones que no puedes manejar por tu cuenta.

- *Adopta fuertes convicciones.* Debido a que Aarón carecía de fuertes convicciones, cedió ante las peticiones impías del pueblo. Establece tus pautas bíblicas. Luego, fortalecido con las respuestas de Dios, tendrás la disposición y la fuerza para mantenerte firme cuando te pidan hacer un «becerro de oro».
- *Fallar no te descalifica del servicio.* Aarón le falló tanto a Dios como a Moisés en numerosas ocasiones, pero Dios siguió usando a Aarón en maneras significativas.
- *Sé un seguidor fiel.* Aarón tenía envidia del liderazgo de Moisés y, junto con su hermana, retaron la autoridad de Moisés. La Biblia dice que obedezcamos a nuestros dirigentes. La obediencia empieza con ser un seguidor fiel. Nunca podrás ser un buen líder a menos que seas un buen seguidor.

Aprende de tus errores y pide sabiduría de Dios para cometer menos errores en el futuro.

ABEL

Un hombre que presentó una ofrenda aceptable

Abel trajo también de los primogénitos de sus ovejas... Y miró Jehová con agrado a Abel y a su ofrenda.

GÉNESIS 4:4

El segundo hijo de Adán y Eva, Abel, era el hermano menor de Caín. Cuando los hermanos ofrecieron sacrificios, Dios quedó satisfecho con el de Abel, pero no le agradó la ofrenda de Caín. Por celos, Caín asesinó a Abel a sangre fría. Abel murió por ofrecer obedientemente a Dios lo que era aceptable, y vive para siempre como ejemplo de justicia y fe (Hebreos 11:4).

Nuestra devoción a Dios se mide por las ofrendas que le llevemos y por la actitud de corazón detrás de ellas. No sabemos por qué no fue aceptable la ofrenda de Caín, pero sabemos que su respuesta al rechazo por parte de Dios mostró el verdadero corazón de este hombre. Por otra parte, Abel tenía un corazón de fe y un profundo respeto por Dios; de buena gana le ofreció lo mejor que tenía para dar. Esto fue agradable y aceptable al Señor, quien dio este testimonio en Hebreos 11:4: «Por la fe Abel ofreció a Dios más excelente sacrificio que Caín, por lo cual alcanzó testimonio de que era justo, dando Dios testimonio de sus ofrendas».

Cuando des (sea tu tiempo, tu energía, tus posesiones o tu dinero), hazte algunas preguntas: ¿Estoy dando lo mejor de mí? ¿Doy con un corazón alegre? ¿Lo hago porque tengo que hacerlo o porque es mi deseo? ¿Qué estoy reteniéndole a Dios?

Nadie puede dar más que Dios, así que da de corazón y con generosidad. «Dios ama al dador alegre» (2 Corintios 9:7). Y no te preocupes ni retengas: «Poderoso es Dios para hacer que abunde en vosotros toda gracia, a fin de que, teniendo siempre en todas las cosas todo lo suficiente, abundéis para toda buena obra» (v. 8).

ABRAHAM

Un hombre que obedeció a Dios

[Abraham] creyó a Jehová, y le fue contado por justicia.

GÉNESIS 15:6

Abraham (que significa «padre de multitudes») es uno de los personajes más importantes en la Biblia. Fue el primero de los patriarcas (Abraham, Isaac y Jacob), el padre de la nación israelita, de la que vino el pueblo judío. Conocido inicialmente como Abram (que significa «padre exaltado»), Dios le dijo que dejara su propia nación y fuera a una tierra desconocida, donde le prometió que se convertiría en una gran nación y sería bendición para todas las familias de la tierra. ¿Cómo respondió Abraham a esta orden desconcertante? Tomó a su esposa Sarai, y dejó todo lo que había conocido para seguir a Dios hacia lo desconocido (véase Génesis 11:26—17:5; Nehemías 9:7).

Otra promesa que Dios le hizo a Abraham fue que tendría un hijo con Sara, su estéril esposa, un hijo que produciría naciones y reyes. Durante veinticinco años Abraham esperó el hijo prometido. Por fin, a través de un milagro, nació Isaac (que significa «risa»). Como siempre, Dios cumplió fielmente su promesa (véase Génesis 17:15-19).

Abraham fue un hombre que obedeció a Dios. Se le había dicho que saliera de su nación y fuera a una tierra desconocida, y lo hizo. En el camino se le dijo a Abraham dónde ir y qué hacer, y obedeció. ¿Cuál es tu nivel de obediencia a Dios? ¿Qué tan obediente eres a sus mandatos e instrucciones?

Si tienes problema con hacer lo que Dios pide, espera y requiere, reconoce tu debilidad. Actúa en ejercitar y fortalecer el músculo de la obediencia en cosas pequeñas. Luego, cuando llegue un reto que parezca imposible, puedes responder como hizo Abraham. En forma rápida y tranquila y sin cuestionar puedes obedecer a Dios.

La bendición de Dios esperaba a Abraham al otro lado de todo acto de obediencia. Y lo mismo será cierto para ti. No te pierdas las bendiciones de Dios al no obedecerle.

ABRAHAM

Un hombre que tuvo gran fe

[Abraham] creyó a Jehová, y le fue contado por justicia.

GÉNESIS 15:6

La Biblia se refiere casi cien veces a Dios como el «Dios de Abraham», o a Abraham como el «padre» del pueblo hebreo. Dios le dijo a Abraham que dejara su nación y fuera a otra tierra. Más tarde el Señor le hizo una promesa trascendental: Sara, la esposa de Abraham, le daría un hijo que produciría naciones, reyes y pueblos. De esa promesa vino el Mesías, Jesucristo.

Abraham es venerado por el pueblo judío, pero también es un ejemplo significativo para la comprensión cristiana de que la salvación es por fe en Jesús y no mediante actividad religiosa. El apóstol Pablo habló de la fe de Abraham en varias de sus epístolas (Romanos 4; Gálatas 3). Pablo explicó que Abraham fue salvo por su fe en Dios: «Abraham creyó a Dios, y le fue contado por justicia» (Gálatas 3:6).

La fe, la fe salvadora, le dio a Abraham su seguridad y confianza. Él creyó que Dios lo protegería y cumpliría sus promesas. ¿Y tú? ¿Tienes el tipo de fe salvadora de Abraham? Sin la clase de fe de Abraham, «es imposible agradar a Dios; porque es necesario que el que se acerca a Dios crea que le hay, y que es galardonador de los que le buscan» (Hebreos 11:6).

Puedes experimentar la fe salvadora de Abraham buscando a Dios diligentemente a través de su Hijo Jesucristo. «En el nombre de Jesucristo… no hay otro nombre bajo el cielo, dado a los hombres, en que podamos ser salvos» (Hechos 4:10-12). La vida tendrá un nuevo significado cuando tu fe descanse en Jesús y, al igual que Abraham, vivas en la gracia salvadora de Dios.

ACAB

Un hombre que solía culpar a otros

Cuando Acab vio a Elías, le dijo: ¿Eres tú el que turbas a Israel?

1 REYES 18:17

Acab fue el octavo rey de Israel, el reino del norte, y gobernó veintidós años en Samaria. Su esposa fue Jezabel, una princesa pagana de Fenicia. Como resultado de la influencia maligna de esta mujer, el dios de la tormenta, Baal-Melcarth, se convirtió en la deidad establecida de adoración. Acab construyó un templo en honor a este dios pagano. La adoración a Baal llegó a ser tan fuerte que pareció que el conocimiento del Dios verdadero se perdería. Dios levantó a Elías para que se opusiera a Acab y proclamara en Israel una sequía de tres años como castigo por la apostasía de la nación.

Al final de los tres años, Elías confrontó a Acab, quien de inmediato culpó al profeta por la sequía, llamándolo «el que turba a Israel». Elías devolvió correctamente la culpa a Acab, respondiéndole: «Yo no he turbado a Israel, sino tú y la casa de tu padre, dejando los mandamientos de Jehová, y siguiendo a los baales» (1 Reyes 18:18). Incluso con la intervención divina en varias ocasiones, Acab siguió sin responder a las advertencias de Dios a través de Elías y continuó culpando a otros por sus problemas.

¿Cómo respondes al consejo y las advertencias de otros,

especialmente los más cercanos a ti y que te conocen mejor? ¿Aceptas humildemente su consejo y luchas por hacer cambios apropiados, o juegas a «culpar a otros»? Cuando te confrontan con acciones y actitudes equivocadas, ¿empiezas a culpar a otros en lugar de admitir tus propias faltas? En vez de culpar a otros, debemos someternos «unos a otros en el temor de Dios» (Efesios 5:21).

La Biblia te ofrece este consejo: «Los pensamientos son frustrados donde no hay consejo; mas en la multitud de consejeros se afirman» (Proverbios 15:22). Acepta el consejo de la Palabra de Dios, especialmente cuando te lo ofrecen quienes te conocen y te aman. Dios y tus amigos cristianos solo quieren lo mejor para ti y para tu testimonio cristiano.

ACÁN

Un hombre interesado en el oro

He pecado contra Jehová... vi... plata... oro... codicié y tomé.

JOSUÉ 7:20-21

Acán era soldado en el ejército israelita que derrotó a la gran ciudad-estado de Jericó. Luego él y una fuerza mucho más pequeña fueron enviados a Hai, donde, ante el horror del pueblo, el ejército fue derrotado y treinta y seis hombres resultaron muertos en batalla. Dios explicó que la razón de la derrota fue que «Israel [había] pecado». Por la guía divina, el soldado Acán fue señalado como la razón para la derrota. El nombre *Acán* significa «problemático», y este hombre cumplió realmente con el significado de su nombre al codiciar el botín de guerra que debía ofrecerse a Dios. A causa de sus deseos egoístas por bienes terrenales, el ejército fue derrotado y treinta y seis hombres fueron asesinados. Como castigo, Acán y toda su familia y sus bienes fueron destruidos.

Vivir en una sociedad materialista ofrece muchas tentaciones. Y, al igual que Acán, podrías suponer que sucumbir a una o más de estas tentaciones no sería un gran problema. Después de todo, nadie verá lo que estás haciendo y, si nadie resulta lastimado, ¡entonces todo está bien! Pero al igual que Acán, tus acciones siempre afectarán a otros, empezando con tu relación con Dios. El apóstol Juan advierte y amonesta: «Todo lo que hay en el mundo, los deseos de la carne, los deseos de los ojos, y la vanagloria de la vida, no proviene del Padre, sino del mundo. Y el mundo pasa, y sus deseos; pero el que hace la voluntad de Dios permanece para siempre» (1 Juan 2:16-17).

A Dios no se le escapa nada. Tus acciones no pasarán desapercibidas y todo pecado tiene sus consecuencias. En lugar de enfocarte en el mundo y sus atractivos temporales, mantén tus ojos en Dios, en sus bendiciones y en la recompensa eterna que te espera en el cielo.

Un hombre que trabajó

Señoread... en todas las bestias que se mueven sobre la tierra.

GÉNESIS 1:28

Dicen por ahí que el trabajo es una de las consecuencias de la caída del hombre, y que si Adán no hubiera comido ese fruto, no tendríamos que trabajar. Pero lo cierto es que el trabajo existió antes de la caída. Mucho antes de Adán, somos testigos de Dios trabajando en la creación del universo. Dios sirvió de ejemplo para todos y por siempre de la dignidad inherente del trabajo. Luego hizo un último acto creativo: «Creó Dios al hombre a su imagen» y envió a Adán a trabajar en el huerto del Edén. Desdichadamente, la caída de Adán en pecado produjo una maldición para toda la humanidad: ¡Nuestro trabajo será duro y difícil! Según le dijo Dios a Adán: «Con el sudor de tu rostro comerás el pan» (Génesis 3:19).

A lo largo de la Biblia se ve al trabajo como parte normal y natural de la vida. El libro de Proverbios tiene mucho que decir acerca del trabajo. Por ejemplo: «En toda labor hay fruto; mas las vanas palabras de los labios empobrecen» (Proverbios 14:23). Incluso Jesús, el Hijo de Dios, quien se hizo hombre, trabajó como carpintero (Marcos 6:3). Y el apóstol Pablo trabajaba muchas horas como fabricante de tiendas cuando no estaba predicando.

Claramente, el trabajo no es malo ni es consecuencia del pecado. ¿Cómo debes entonces ver el trabajo?

- Ve tu trabajo como un llamado de Dios. Al realizarlo tienes la oportunidad de honrarle (Mateo 5:16).
- Ve tu trabajo como beneficioso. Beneficia económicamente a tu familia (1 Timoteo 5:8), y también produce una sana actitud mental en ti.
- Ve tu trabajo como algo que debes hacer para el Señor: «todo lo que hagáis, hacedlo de corazón, como para el Señor y no para los hombres… porque a Cristo el Señor servís» (Colosenses 3:23-24).
- Ve tu trabajo como una manera de representar a Cristo, como parte de ser su «embajador» (2 Corintios 5:20).

Adán

Un hombre que fue el primero

Creó Dios al hombre a su imagen, a imagen de Dios lo creó; varón y hembra los creó.
Génesis 1:27

Adán, cuyo nombre significa «humanidad», fue el primer hombre del mundo y era perfecto en todo sentido. Dios formó a Adán del polvo de la tierra y lo puso en el huerto del Edén para labrarlo y cuidarlo. El Señor también puso árboles en el huerto, incluido el árbol de la vida y el del conocimiento del bien y del mal. Dios le dijo luego a Adán que podía comer libremente de todo árbol del huerto, menos del árbol del conocimiento del bien y del mal. Si comía de ese árbol, moriría.

Adán desobedeció a Dios y, junto con Eva, comieron del fruto prohibido. En consecuencia, el pecado se extendió a toda la humanidad (Romanos 5:12). Sin embargo, Dios vino al rescate de Adán y Eva, y salvó sus vidas. Mató animales para cubrirlos y vestir sus cuerpos desnudos. Luego los expulsó del huerto para que no pudieran comer del árbol de la vida ni experimentar vida perpetua. También les indicó una solución gloriosa para el pecado: un Salvador para la humanidad (Génesis 3:15).

La vida de Adán nos da una idea de lo que Dios pretendía originalmente para la humanidad: una relación perfecta con Él en un ambiente perfecto de salud y paz.

Por desgracia, el primer Adán desobedeció a Dios y perdió su relación con su Creador. Pero gracias a Dios, el nuevo Adán, Jesucristo, también conocido como el «postrer Adán», vino a la tierra a restaurar esa relación perdida con Dios.

¿Estás experimentando la gracia de Dios a través del «postrer Adán»: Jesucristo (1 Corintios 15:45)? Si es así, actualmente vives en una relación con Dios que un día se cumplirá de forma permanente en el cielo, ese lugar perfecto en que otra vez las cosas serán perfectas.

BARAC

Un hombre que fue un líder reacio

Barac le respondió [a Débora]: Si tú fueres conmigo, yo iré; pero si no fueres conmigo, no iré.

JUECES 4:8

Débora, una profetisa y jueza en Israel, envió a llamar a Barac para luchar contra una fuerza cananea muy superior. Débora le dijo a Barac que Dios iría delante de él, e incluso que derrotaría a este enemigo. ¡Esta era la gran oportunidad de Barac de llevar un ejército a la batalla y conseguir la victoria! Desdichadamente, en lugar de ser un general, Barac se convirtió en un teniente cuando rechazó la oferta de Débora para dirigir.

Entonces Débora procedió a tomar todas las decisiones de mando y Barac se convirtió en seguidor. Dios reprendió la cobardía de Barac con la promesa de que una mujer asesinaría al general cananeo Sísara. Según se predijo, la mujer Jael mató al gran general cananeo con una estaca de la tienda y un mazo (véase Jueces 4).

Nunca sabremos lo que pudo haber ocurrido si Barac hubiera dado un paso adelante para asumir el mando del ejército. El resultado se había anunciado, pero la oportunidad de victoria de Barac se perdió debido a su falta de voluntad para liderar.

Dios te da como cristiano la oportunidad y responsabilidad de ser un líder; te pide que dirijas tu familia. También te ha dotado para el servicio, que puede abrir la puerta a oportunidades de liderazgo en tu iglesia local. Y como cristiano puedes encontrar oportunidades de ser un líder en tu lugar de trabajo o comunidad.

Barac tuvo miedo de dirigir, así que Débora debió hacerlo en su lugar. ¿Y tú? ¿Estás fallando en el liderazgo de tu familia, dejándole a tu esposa esa labor? ¿Es posible que tengas las capacidades y los dones para ser un líder en tu iglesia, pero has decidido quedarte al margen y dejar que otros lo hagan por ti? Ten la seguridad de que Dios irá contigo y te concederá todo lo que necesitas para ser un líder en tu hogar o en cualquier otro lugar. No rechaces el ofrecimiento de Dios para dirigir. ¡Acepta el reto!

Un hombre que fue amable

Me has consolado, y… has hablado al corazón de tu sierva, aunque no soy ni como una de tus criadas.

Rut 2:13

Cuando piensas en las cualidades que describen a un varón de varones, un líder de líderes, o un hombre de gran trascendencia, la «bondad» no estaría en la mayoría de listas masculinas. En la cultura moderna se nos enseña que «hombría» significa ser machista y tener el mando, ser un tipo fuerte y silencioso, y mostrar poca o ninguna compasión o bondad.

Sin embargo, esta imagen de un hombre es contraria al diseño divino. El hombre de Dios anda por el Espíritu y exhibe bondad. Es cariñoso y amable con los demás. Jesús mismo poseía mansedumbre y dulzura. Estas cualidades también las exhibió Booz.

Comenzando en Rut 2, vemos a Booz exhibiendo muchos actos de bondad. Saludaba a sus trabajadores con palabras amables. Mostró bondad y misericordia al preguntarle a Rut por su situación y proveerle cebada para ella y su suegra viuda, Noemí. El acto más significativo de bondad en Booz fue proporcionar un hogar para Rut y Noemí.

La verdadera amabilidad no puede fabricarse. Es tu respuesta al amor salvador de Dios a través de Jesucristo.

Dios te llama como uno de sus hombres para que demuestres amor verdadero y sincero que va mucho más allá del fingimiento y la cortesía. La bondad de Dios es amor en acción. Significa buscar maneras de expresar el amor de Cristo a los demás. Jesús dijo que incluso cuando das un vaso de agua en su nombre, realizas un acto de bondad (Mateo 10:42).

Si tienes problema en mostrar bondad, empieza a leer los evangelios y a subrayar los muchos actos de bondad realizados por nuestro Señor. Él es tu ejemplo. Y, ¿sabes qué? Booz, otro ejemplo de bondad y amabilidad, ¡estuvo en la línea genealógica de Jesucristo, el Mesías!

BOOZ

Un hombre que tuvo valor

Tenía Noemí un pariente de su marido, hombre rico de la familia de Elimelec, el cual se llamaba Booz.

RUT 2:1

Muy a menudo oímos que «la caballerosidad ha muerto». La caballerosidad describe las acciones y actitudes de un hombre hacia las mujeres, lo cual incluye ser cortés, generoso y noble en carácter. En otras palabras, la caballerosidad describe a un hombre de valor. En nuestra sociedad, donde las distinciones entre hombres y mujeres están siendo borradas vigorosamente, es fácil hacerse a un lado, abandonar cualquier idea de caballerosidad y tratar a las mujeres como «uno de los chicos». Si estás casado y no tienes cuidado, incluso puedes encontrarte tratando a tu esposa con menos honor del que Dios requiere: «Maridos, igualmente, vivid con ellas sabiamente, dando honor a la mujer como a vaso más frágil» (1 Pedro 3:7).

La caballerosidad y el valor pueden faltar en nuestra sociedad, pero los encontramos exhibidos en la vida de Booz, la cual sirve de modelo de cómo es el valor. He aquí algunas de las cualidades de valor que describen a Booz y proporcionan un modelo para los hombres cristianos de hoy:

- *Noble.* Booz fue descrito como un «hombre rico», que también puede traducirse «hombre de valor». Booz era diligente y amasaba riqueza, pero no a expensas de su carácter.
- *Amable.* Booz saludaba a sus trabajadores con calidez, e incluso dio la bienvenida a la extranjera llamada Rut cuando ella vino a segar en el campo de él.
- *Alentador.* Booz señaló las cualidades fuertes de Rut y para afirmarla habló de tales virtudes.

En comparación con otras religiones, una de las características del cristianismo es que otorga a las mujeres un lugar especial de honor. La caballerosidad y el valor pueden estar muertos en nuestra sociedad, pero como cristiano puedes valorar y apreciar a las mujeres en la forma en que Dios lo hace. Trata a las mujeres como seres especiales, comenzando con tu madre, esposa e hijas. Sé un hombre de valor, y proveerás un modelo a seguir para tus hijos y para otros.

CAÍN

Un hombre que llevó una ofrenda inferior

Caín trajo del fruto de la tierra una ofrenda... pero [Dios] no miró con agrado a Caín y a la ofrenda suya.

GÉNESIS 4:3-5

Dos hermanos, Caín y Abel, marcaron el inicio de la primera «segunda generación» del mundo. Cuando Eva dio a luz a Caín, pudo haber creído que él era el Salvador prometido a quien se hace referencia en Génesis 3:15. Lamentablemente, después supo que no era así. Caín asesinó a Abel, y en el Nuevo Testamento su nombre se usa para representar a quienes no poseen el nuevo nacimiento en Cristo y que son los hijos del diablo, amantes del mal e hijos del maligno (1 Juan 3:12). Caín no amaba a Dios ni a su hermano.

Caín y su mala relación con Dios y con su hermano Abel constituye un estudio aleccionador porque demuestra la lucha antigua entre el bien y el mal, entre lo correcto y lo errado. Hay dos maneras de vivir: la de Dios y la del hombre. Y hay dos destinos que resultan de las decisiones y el estilo de vida de una persona: aceptar o rechazar a Dios.

¿Qué más podemos aprender de Caín?

- Cuando adoras a Dios, es obligatoria una actitud apropiada. El hecho de que Caín se enojara después que Dios le rechazó su sacrificio revela la verdadera condición de su corazón. Dios rechazó tanto la actitud como la ofrenda de Caín.
- La oportunidad de hacer lo correcto está disponible siempre. Dios confrontó a Caín y su actitud y le dio la oportunidad de arrepentirse. Trágicamente, con un corazón perverso y no arrepentido, Caín decidió matar a su hermano.
- El pecado siempre está al acecho, pero puede dominarse. Dios advirtió a Caín: «El pecado está a la puerta; con todo esto, a ti será su deseo, y tú te enseñorearás de él» (Génesis 4:7).
- La ira descontrolada es una emoción pecaminosa que, por lo general, lleva a acciones pecaminosas. «Caín se levantó contra su hermano Abel, y lo mató» (Génesis 4:8).
- La ira acompañada por malas acciones nunca logra los planes justos de Dios.
- Siempre hay consecuencias para decisiones erradas.

CALEB

Un hombre que no veía problemas

Caleb hizo callar al pueblo delante de Moisés, y dijo: Subamos luego, y tomemos posesión de ella; porque más podremos nosotros que ellos.

NÚMEROS 13:30

Ningún problema era demasiado grande para Caleb. Sabía que Dios le ayudaría a superar todo dilema que se le presentara. Mantuvo esta convicción la primera vez que entró a la tierra prometida como espía, y cuarenta y cinco años después aún creía esto.

Conocimos a Caleb cuando contaba con cuarenta años de edad y fue asignado como uno de los doce espías enviados por Moisés a explorar Canaán, la tierra que Dios había prometido a Israel. Pero cuando los espías regresaron, diez de ellos anunciaron la incapacidad de Israel de vencer a los habitantes de la tierra que vivían en ciudades amuralladas y tenían gran fortaleza y estatura. Caleb y Josué fueron los dos únicos que creyeron que Dios podía darles la victoria. A causa de la incredulidad del pueblo, solo a Caleb y Josué se les permitió entrar en Canaán cuarenta años después. Luego, tras cinco años de conquista en la tierra prometida, a los ochenta y cinco años, Caleb luchó y derrotó la ciudad grande y fortificada de Hebrón (Josué 14:6-15).

¿Ves la vida llena de dificilísimos problemas sin soluciones y de derrotas? ¿O ves los obstáculos como oportunidades de Dios para mostrarse fuerte a tu favor? Él quiere que superes con éxito las adversidades y tribulaciones de la vida, pero para hacer esto debes buscar a Dios y seguir su consejo: «Nunca se apartará de tu boca este libro de la ley, sino que de día y de noche meditarás en él, para que guardes y hagas conforme a todo lo que en él está escrito; porque entonces… todo te saldrá bien» (Josué 1:8).

Caleb creyó en Dios y en su capacidad para verlo a través de cualquier problema. Haz según lo que Dios le dijo a Josué, y lee y obedece su Palabra. Mantente cerca de Dios y Él permanecerá cerca de ti. Confía en que estará contigo en todas tus dificultades, tanto grandes como pequeñas.

Daniel

Un hombre que fue moralmente íntegro

Los gobernadores y sátrapas buscaban ocasión para acusar a Daniel en lo relacionado al reino; mas no podían hallar ocasión alguna o falta, porque él era fiel, y ningún vicio ni falta fue hallado en él.

Daniel 6:4

Daniel (que significa «Dios es mi juez») era solo un adolescente del reino del sur de Judá cuando fue llevado cautivo a Babilonia por el rey Nabucodonosor en el año 605 a.C.

Incluso de joven, Daniel era justo y evitaba cualquier clase de transigencia. Debido a su integridad moral y sabiduría dada por Dios, fue colocado en altos cargos en los gobiernos babilónico y persa. Daniel también se volvió un confiable intérprete de sueños. No solo dio sentido a los sueños del rey Nabucodonosor, sino que también interpretó la misteriosa escritura a mano que apareció sobre una pared y predijo la caída del rey Belsasar.

Daniel mantuvo un firme compromiso con Dios en una tierra lejana y pagana. Se le conoce como un hombre que fue fiel a Dios incluso cuando su vida fue amenazada y lo lanzaron a un foso de leones (Daniel 6:18-24).

¿Cómo eres cuando nadie te ve? La integridad te

mantiene fiel a una norma en todo momento. Para un cristiano, esa norma es la Palabra de Dios, y Daniel es un excelente ejemplo de la influencia de la integridad. Al igual que Daniel, cuando tus enemigos buscan formas de desprestigiarte y desacreditar tu vida, tu integridad te protegerá contra sus ataques. La integridad es lo que te mantendrá totalmente comprometido con Dios a pesar de las presiones y tentaciones que vienen al vivir y trabajar en sociedades seculares e incrédulas.

Daniel provee un modelo inspirador de rectitud moral y de cómo luchar por Dios y sus propósitos en un mundo secular. Sigue el ejemplo de Daniel. Comprométete a conocer más de la Palabra de Dios y a luchar por la verdad y la justicia. Sirve fielmente a aquellos en autoridad sobre ti. Ora con regularidad. Disponte a padecer por Dios. Síguelo en estas maneras y, al igual que Daniel, sé fiel. Tu integridad influirá en tus relaciones, tu comunidad y más allá.

Daniel

Un hombre que tuvo convicciones

Daniel propuso en su corazón no contaminarse con la porción de la comida del rey, ni con el vino que él bebía.

Daniel 1:8

Siendo adolescente, Daniel fue brutalmente secuestrado de su tierra natal y obligado a participar en un programa de entrenamiento diseñado para prepararlo y preparar a otros jóvenes en servir al gobierno babilonio. Sin ninguna esperanza de regresar a Jerusalén, habría sido fácil para Daniel ceder a la presión de consumir la comida y beber el vino que deshonrara su religión, ¡pero no cedió! Al contrario, sabiamente hizo una contrapropuesta a las autoridades y pidió una prueba. Dios honró las convicciones de Daniel y se le permitió seguir practicando sus hábitos dietéticos judíos (Daniel 1:1-19). He aquí dos lecciones acerca de la convicción que podemos aprender de la vida de Daniel:

La importancia de no desviarse de las convicciones bíblicas. Incluso cuando era adolescente, Daniel había desarrollado pautas firmes acerca de sus hábitos alimentarios. Estas convicciones tempranas establecieron el curso para los más de setenta años de la vida de Daniel. ¿Tienes un conjunto de convicciones piadosas? Si no es así, podrías estar preparándote para una derrota espiritual. Lee tu Biblia.

La Palabra de Dios te ayudará a desarrollar tu propio conjunto de convicciones bíblicas. ¡Son necesarias para un hombre que desea llevar una vida cristiana victoriosa!

Una vida de convicción desarrolla valor. El valor de Daniel no apareció simplemente cuando fue lanzado al foso de los leones. Más bien, vino de una vida de confiar en Dios en cada aspecto de su vida. Quizás no estés enfrentando un foso literal de leones, pero tu fe está desafiada diariamente. Fortalece tu fe viviendo en oración y con audacia tus creencias cristianas. Con cada reto, Dios desarrollará y fortalecerá tus convicciones, lo que a cambio te dará el valor de vivir cada día para Él. Tus convicciones te proporcionarán las fuerzas y la determinación que necesitas para resistir la tentación y experimentar estabilidad en momentos de incertidumbre.

DANIEL

Un hombre que hizo de la oración un hábito

Daniel... se arrodillaba tres veces al día, y oraba y daba gracias delante de su Dios, como lo solía hacer antes.

DANIEL 6:10

Como joven de dieciséis o diecisiete años, Daniel era devoto en sus prácticas religiosas que incluían su oración habitual. A solas en un país extranjero, el joven Daniel se puso a orar para pedirle a Dios que protegiera las vidas de sus tres amigos de la ira del rey Nabucodonosor. Luego, sesenta y cinco años y dos imperios mundiales después, Daniel se encontró mirando a los ojos de una guarida llena de leones hambrientos. La vida de Daniel estaba en peligro debido a su hábito de arrodillarse tres veces diarias frente a una ventana abierta para orar a Dios (Daniel 6:10). Fue condenado a muerte por esto.

Con más de ochenta años de edad, Daniel leyó un manuscrito del profeta Jeremías que predecía que los setenta años de cautiverio para los judíos casi habían terminado. En respuesta, Daniel hizo lo que siempre había hecho: humildemente vino delante de Dios y, con una súplica sincera, le pidió que honrara su decreto de devolver a los judíos a su tierra natal (Daniel 9:1-19). Un compromiso inquebrantable con Dios, alimentado por una oración habitual, sustentó y fortaleció a Daniel para resistir con éxito las tentaciones y amenazas del mundo.

Aprende algunas enseñanzas de Daniel. Su compromiso con la oración era sincero. No solo deseaba orar, sino que estaba dedicado a la oración y fijó un tiempo y un lugar para orar. Fue fiel en cumplir esto, sin importar el costo.

La vida de Daniel ilustra la correlación entre la vida de oración de una persona y su vida pública. Si actualmente oras con regularidad, se fortalecerá aún más tu compromiso con Dios y sus normas. Si la oración no es un hábito en ti, no esperes más. Empieza desarrollando el hábito de la oración diaria para que estés listo cuando vengan las dificultades. El mundo necesita más hombres como Daniel, que posean un carácter extraordinario porque son hombres de oración habitual.

DAVID

Un hombre que tenía problemas con el orgullo

Haz un censo del pueblo, para que yo sepa el número de la gente.

2 SAMUEL 24:2

David, al igual que muchos líderes, tuvo problemas con el orgullo. Vemos esto cuando decidió hacer un censo y contar su ejército. Incluso Joab, un general de David no muy piadoso, creyó que hacer esto era mala idea. Dios no había autorizado este censo. David quiso glorificarse en el tamaño de su ejército, o quiso movilizar sus tropas para adquirir más tierra de la que Dios le había otorgado. Cualquiera que fuera la razón, lo que David hizo estuvo mal. ¡El recuento final resultó ser de más de un millón de hombres! Este era un ejército increíblemente grande para un país tan pequeño.

En lugar de confiar en Dios, David estuvo dispuesto a confiar en el tamaño de su fuerza de combate. Como sucede con todo pecado, hubo una consecuencia. Proverbios 16:18 nos advierte: «Antes del quebrantamiento es la soberbia, y antes de la caída la altivez de espíritu». La soberbia de David no solamente le hizo daño a él sino también a la nación cuando murieron setenta mil hombres porque «Jehová envió la peste sobre Israel» (2 Samuel 24:15).

No está mal que sientas orgullo por tus logros, tu nación o tu linaje. Sin embargo, la arrogancia y el hecho de enseñorearte de los demás sin tener en cuenta sus sentimientos son pecado. La Biblia afirma que la soberbia y la arrogancia son dos males que Dios odia (Proverbios 8:13). ¿Cuál es la solución? El servicio desinteresado y sacrificial a los demás. Dios quiere que demuestres esta actitud: «Nada hagáis por contienda o por vanagloria; antes bien con humildad, estimando cada uno a los demás como superiores a él mismo; no mirando cada uno por lo suyo propio, sino cada cual también por lo de los otros» (Filipenses 2:3-4).

La soberbia es un pecado que puede alcanzarnos fácilmente, por lo que es tan vital el autoexamen constante. La Biblia aconseja: «Examinaos a vosotros mismos si estáis en la fe; probaos a vosotros mismos» (2 Corintios 13:5).

DAVID

Un hombre cuyos ojos se desviaron

[David] vio desde el terrado a una mujer que se estaba bañando, la cual era muy hermosa.

2 SAMUEL 11:2

Lamentablemente, David tenía un problema con las mujeres. Él era muy humano, y hoy día habría sido etiquetado como mujeriego. David sabía que había sido elegido por Dios para ser rey. Sin duda también sabía lo que Dios había declarado en *su* ley sobre multiplicar esposas. Pero ya tenía seis esposas antes de casarse con Betsabé, y esto no incluía a todas sus concubinas. David siguió el ejemplo de otros reyes orientales al tener un harén para demostrar su riqueza y poder. David permitió que su cultura le diera permiso para satisfacer su pasión lujuriosa y hacer caso omiso a la voluntad perfecta de Dios: una esposa para un hombre.

La pasión descontrolada de David culminó en permitir que su mirada se demorara el tiempo suficiente para que la lujuria se desarrollara. No caigas en la trampa de creer que nadie se dará cuenta de lo que estás haciendo. Dios lo sabe, y otros pueden ver tus ojos errantes, incluso tu esposa. Si estás casado, Dios te ha dado tu propia esposa para amar, apreciar, valorar y con quien deleitarte. Todas las demás mujeres son prohibidas y deben tratarse con honor. La Biblia dice que debes tratar «a las ancianas, como a madres; a las jovencitas, como a hermanas, con toda pureza» (1 Timoteo 5:2). Como esposo, «alégrate con la mujer de tu juventud» (Proverbios 5:18). Dios instruye: «Tus ojos miren lo recto, y diríjanse tus párpados hacia lo que tienes delante. Examina la senda de tus pies, y todos tus caminos sean rectos. No te desvíes a la derecha ni a la izquierda; aparta tu pie del mal» (Proverbios 4:25-27).

A fin de protegerte, memoriza versículos bíblicos que te recuerden que debes mantenerte puro en pensamiento y acciones. Puedes empezar con Job 31:1: «Hice pacto con mis ojos; ¿cómo, pues, había yo de mirar a una virgen?».

DAVID

Un hombre conforme al corazón de Dios

[El Señor] dio también testimonio diciendo: He hallado a David hijo de Isaí, varón conforme a mi corazón, quien hará todo lo que yo quiero.

HECHOS 13:22

David fue uno de los héroes más grandiosos del Antiguo Testamento. Llevó el diminuto e insignificante país de Israel a las alturas de poder e influencia. También estableció a Jerusalén como la capital de la nación y llevó el arca del pacto a Jerusalén, estableciendo la ciudad como el centro de adoración al único Dios verdadero. David fue un gran líder, y su obediencia a Dios fue la clave de su éxito.

Con todo lo que nos enteramos de la vida de David en 1 y 2 Samuel, y especialmente su adulterio con Betsabé y el asesinato del esposo de ella, Urías, a veces es difícil entender cómo Dios pudo decir que David era un «varón conforme a mi corazón, quien hará todo lo que yo quiero». ¿Cómo fue posible esto? David estaba lejos de ser perfecto, pero aún y así amaba a Dios. Al ser confrontado con su pecado, David se arrepintió, le agradeció a Dios por perdonarlo y siguió sirviéndolo.

La vida de David debería ser un tremendo estímulo para ti. Al igual que él, no eres perfecto. ¡Pregúntales a tus seres más cercanos! Pero, al igual que David, puedes ser un hombre que ama y sigue a Dios. Creces espiritualmente cuando tu mayor deseo, tu oración diaria y tu enfoque constante es convertirte en un hombre de Dios. Eso es lo que significa ser un varón conforme al corazón de Dios. Por tanto, sé un hombre que…

- lee y reflexiona en la Palabra de Dios (Salmos 119:9-11).
- trata siempre de obedecer a la Palabra de Dios y ser un hombre que hace la voluntad de Dios (Hechos 13:22).
- confiesa rápidamente su pecado (1 Juan 1:9).
- agradece a Dios por su maravilloso perdón en Jesucristo (Efesios 1:7).

David

Un hombre que no resistió la tentación

[David] vio... a una mujer que se estaba bañando, la cual era muy hermosa.

2 Samuel 11:2

David, igual que su antecesor Saúl, era de humilde origen. Sin embargo, David se convirtió en el rey más grande en la historia de Israel. Era un líder nato y formó un ejército que hizo de la diminuta nación de Israel el reino más poderoso del Oriente Medio de su época. Estableció a Jerusalén como centro político y religioso de la nación, y llevó el arca de Dios a Jerusalén. Fue un gran poeta, con setenta y dos de sus poemas incluidos en el libro de Salmos.

Sin embargo, a pesar de la devoción de David a Dios y de sus excelentes dones y habilidades, falló en resistir la tentación y sufrió mucho por el pecado. Cuando David se arrepintió, Dios lo perdonó, pero la familia y el reino de David nunca se recuperaron de las consecuencias de su pecado de adulterio con Betsabé. ¿Qué lecciones de vida podemos aprender de David?

Nadie es inmune a la tentación. La caída de David vino después de experimentar años de inmenso éxito, lo que pudo haber debilitado su dependencia en Dios.

Nunca te permitas creer que ya no necesitas la ayuda de Dios en la vida diaria. ¡Es en la vida cotidiana cuando más necesitas a Dios! Mantente en guardia: «El pecado te acecha, como una fiera lista para atraparte. No obstante, tú puedes dominarlo» (Génesis 4:7, NVI). A fin de fortalecer tu relación con Dios, acércate a Él por medio de su Palabra, y a menudo acude a Él en oración. Una relación profunda con Dios toma tiempo en edificarse; empieza a fortalecerla hoy día.

Confesar el pecado es el primer paso hacia la restauración. Después de su pecado con Betsabé, el corazón no arrepentido de David estaba destruyéndolo físicamente. No fue sino hasta que confesó su pecado, como expresó en Salmos 51, que el corazón, la salud y el gozo de David fueron restaurados. Cuando te arrepientes del pecado y le pides perdón a Dios, experimentas restauración espiritual y alivio físico. No albergues pecado en tu vida. Confiésalo rápidamente y serás restaurado.

David

Un hombre con un propósito

David, habiendo servido a su propia generación según la voluntad de Dios, durmió.

Hechos 13:36

Dios tenía un propósito de vida para David, propósito que con diligencia buscó, aunque flaqueó a veces y finalmente cumplió. Podríamos decir que David cumplió la voluntad de Dios para su vida. Su corazón por Dios lo guio a ser usado poderosamente por el Señor en su propia generación. Fue usado por Dios a pesar de los defectos que tenía.

Dios tiene también un propósito de vida para ti. ¿Vivirás el propósito de Dios, o vivirás el tuyo? ¿No querrías que se dijera de ti que estás sirviendo al propósito de Dios? Creo que ese es el deseo de tu corazón. ¿Qué hombre de Dios no querría cumplir el gran propósito divino para su vida? Igual que David, puedes haber tropezado y caído en pecado, pero también como David puedes confesar tu pecado y pedir a Dios que te ayude a ser más obediente día tras día.

No puedes retroceder el tiempo y cambiar tu pasado, pero puedes hacer de los propósitos de Dios una realidad en tu vida en el presente, incluso hoy. ¿Cómo? Simplemente viviendo las prioridades divinas. ¿Y cuáles son esas prioridades? Jesús las simplificó al declarar: «Amarás al

Señor tu Dios con todo tu corazón, y con toda tu alma, y con toda tu mente… y… a tu prójimo como a ti mismo» (Mateo 22:37, 39). Lo prioritario es amar primero a Dios, y lo segundo es extender ese amor a tu familia y más allá.

Dios tenía un plan para David, y tiene un plan para ti. A partir de hoy puedes influir personal y positivamente en el mundo que te rodea. Este efecto positivo viene de modo natural a medida que vives las prioridades de Dios, vives su Palabra, te acercas a Él a través de la oración y haces todo lo que requiere de ti.

Un hombre que fue un mal ejemplo

¿Por qué… has honrado a tus hijos más que a mí, engordándoos de lo principal de todas las ofrendas?

1 SAMUEL 2:29

Desdichadamente, la Biblia no ofrece muchos modelos a seguir para ser buen padre. Mucho más comunes son los modelos negativos como Elí, en quien vemos un caso tipo «de tal padre, tales hijos». Elí fue sacerdote de Israel durante los últimos días de los jueces (1 Samuel 2). Por sus servicios sacerdotales se le permitía una porción de ciertas ofrendas del pueblo. Por desgracia, Elí y sus hijos abusaban de este privilegio y tomaban más porciones de las que tenían asignadas.

Escucha la acusación de Dios a Elí: «¿Por qué habéis hollado mis sacrificios y mis ofrendas… y has honrado a tus hijos más que a mí, engordándoos de lo principal de todas las ofrendas?» (v. 29). ¿Observaste la relación entre padre e hijos? Elí era culpable de tomar del sacrificio más de lo asignado, lo que lo había vuelto obeso. Era culpable de despreciar las ofrendas del Señor. Y ¿sabes qué? ¡Los dos hijos de Elí estaban siguiendo los pasos de su padre (vv. 12-17)!

Es escalofriante comprender que nuestros hijos observan nuestras vidas, registrando nuestras actividades y repitiendo nuestras acciones, sean buenas o malas. Esperamos que ya entiendas la importancia de ser la clase correcta de modelo para tus hijos. Dios ha proporcionado algunos recursos para ayudarte.

La Biblia es un primer lugar evidente al cual mirar, pues presenta, versículo tras versículo, el ejemplo firme y coherente de paternidad que tienes en Dios el Padre. Luego están los líderes espirituales en tu iglesia local. Aprende de quienes sirven de ejemplo de paternidad piadosa. Pregunta si algunos están disponibles para que te guíen. Todos estos recursos juntos proporcionan mucho de lo que necesitas para ser un buen padre. Lo único que precisas es el deseo de hacer todo lo que sea necesario para ser el tipo de papá que Dios muestra, un papá conforme al corazón de Dios.

ELÍAS

Un hombre que se desanimó

[Elías] dijo: Basta ya, oh Jehová, quítame la vida, pues no soy yo mejor que mis padres.

1 Reyes 19:4

Elías, un hombre dedicado a Dios, vivía en una sociedad hostil. Fue audaz en su confrontación alrededor de la adoración del falso dios Baal. Pero también era humano y propenso a desanimarse, temer y deprimirse. Después de su más grande victoria (la ejecución de los cuatrocientos cincuenta sacerdotes malvados de Baal), Elías fue amenazado por la reina Jezabel y huyó al desierto. Allí, en un ataque de depresión, le pidió a Dios que le quitara la vida.

En respuesta, Dios trató con Elías en forma misericordiosa. Dios no reprendió al profeta. Al contrario, el ángel del Señor ministró a Elías y le devolvió la plenitud y utilidad. Dios sabía lo que su siervo necesitaba: descanso, comida, agua y ánimo. ¿El resultado? Elías «fortalecido con aquella comida caminó cuarenta días y cuarenta noches» (1 Reyes 19:8).

Elías tuvo momentos de desesperación, pero siempre estuvo 100% dedicado a Dios. El Señor reconoció la dedicación del profeta, quien más tarde fue honrado al ser llevado vivo al cielo en un carro de fuego (véase 1 Reyes 17–19; 2 Reyes 1–2).

Todo el mundo tiene momentos de desánimo. Incluso con su profundo compromiso a la obra de Dios, Elías aún experimentó tiempos de desaliento. Puesto que vivimos en un mundo caído, ten la seguridad de que enfrentarás épocas de temor, desánimo y quizás hasta depresión. Cuando eso ocurra, no pierdas de vista a Dios y su capacidad de verte a través de las pruebas de la vida. Pero también esta debe ser tu parte:

- *Orar.* La oración cambia el enfoque de ti y lo pone en Dios, y abre el camino para que Él obre y convierta tus temores en valor y tu desaliento en esperanza.
- *Leer la Palabra de Dios.* El Espíritu Santo usa las Escrituras para darte energía y poder, y así triunfar sobre el desánimo.
- *Confiar en las promesas de Dios.* Él promete estar siempre contigo y cuidarte en cada paso de tu camino.

Elías

Un hombre que nunca estuvo solo

Yo haré que queden en Israel siete mil, cuyas rodillas no se doblaron ante Baal.

1 Reyes 19:18

Elías fue un profeta usado poderosamente por Dios durante los reinados de Acab y Ocozías. Retó al corrupto rey Acab y a los sacerdotes del falso dios Baal a una demostración de poder en el monte Carmelo para probar que «¡Jehová es el Dios!» (1 Reyes 18:39). Después que Dios demostró ser el Dios verdadero y Baal un falso dios, Elías ordenó entonces la ejecución de los sacerdotes de Baal. La malvada reina Jezabel, esposa del rey Acab, se enfureció cuando se enteró de la masacre de sus sacerdotes. En su deseo de venganza ordenó la muerte de Elías.

Asustado, Elías huyó al monte Sinaí. Allí, Dios se le reveló al profeta y le ordenó que volviera a pelear contra los dioses falsos. Elías creyó que estaba solo en su defensa de las causas divinas, pero Dios le aseguró que tenía otros siete mil en la nación que no habían inclinado sus rodillas ante dioses falsos. Incluso durante sus momentos de vacilación, Elías nunca se desvió de su devoción a Dios.

¿Qué hay de ti? Cuando tienes tus altibajos, ¿te sientes a menudo como si estuvieras solo? ¿Sientes que nadie puede comprender tus retos, que nadie está allí para ayudarte?

Como Elías, debes recordar que no estás solo. Y como Elías, Dios nunca renunciará a ti.

Mantén los ojos fijos en Dios durante todas tus pruebas y contratiempos, durante tu cansancio y soledad. Confía en que Él te guía y te devuelve tu utilidad. Cuenta con su promesa de proveer todo lo que necesitas para seguir adelante y cumplir su voluntad. Sirve al Señor con alegría, fidelidad y valor. Permite que la seguridad de Elías en Dios te recuerde también que no estás solo.

Eliseo

Un hombre que fue siervo

[Eliseo] se levantó y fue tras Elías, y le servía.

1 Reyes 19:21

Eliseo empezó su ministerio como sustituto y siervo del profeta Elías. A medida que se acercaba el momento de la partida de Elías al cielo, Eliseo pidió «doble porción» del poder de Elías. Estaba pidiendo suceder a su mentor como profeta con poder espiritual más allá de sus propias capacidades. Su petición era noble, y Dios le concedió más de cincuenta años de ministerio dinámico (véase 1 Reyes 19:16-21; 2 Reyes 2:1—13:20).

El ministerio profético de Eliseo fue menos espectacular que el de Elías, pero no menos importante. El ministerio de Eliseo se enfocó en el pueblo, no en los gobernantes. Sus acciones fueron reflejo de su naturaleza amable y amorosa, y sus milagros revelaron el amor, cuidado y preocupación de Dios por las necesidades de los menos afortunados.

La vida de Eliseo nos enseña la importancia del compromiso. Desde el momento que Elías echó su manto sobre los hombros de Eliseo mientras araba un campo, Eliseo dedicó su vida a servir a Dios y a Elías. Dios tal vez no esté llamándote a un ministerio público de elevado perfil, pero está pidiéndote que te dediques por completo a Él dondequiera que estés. Recuerda, comprometerte con Dios también significa comprometerte con el pueblo de Dios.

La vida de Eliseo también nos enseña que todo ministerio es importante. Él tuvo un ministerio mucho menos público que el de Elías, pero en la economía de Dios, el ministerio de Eliseo fue significativo en su revelación del amor de Dios por su pueblo. Eliseo comenzó como un simple siervo y, ya que fue fiel, Dios le permitió asumir el papel de Elías como profeta de Dios ante el pueblo. El papel que juegas en el plan de Dios es el que Él ha diseñado para ti, y eso te hace importante. Sé fiel en cumplir tu papel ordenado por Dios y, mientras haces tu parte en promover el reino de Dios, asegúrate de estar transmitiendo a otros lo que Él te enseña, empezando con tu propia familia.

Esaú

Un hombre que actuaba por impulso

Dijo Esaú: He aquí yo me voy a morir; ¿para qué, pues, me servirá la primogenitura?

Génesis 25:32

Esaú, el mellizo mayor de Jacob, fue un cazador rudo y obstinado que le gustaba estar al aire libre. Era el hijo favorito de su padre Isaac debido a la carne que Esaú traía a casa después de sus viajes de cacería. Con el tiempo, Esaú se convirtió en el padre de los edomitas, quienes poblaron la tierra al oriente de Israel. Esaú y Jacob tenían constantes conflictos personales y, más tarde en la historia, sus dos pueblos continuarían su enemistad.

El concepto de derecho de nacimiento (derecho de primogenitura) se ha usado a lo largo del tiempo para determinar sucesores de reyes y también posiciones de autoridad y poder en hogares y clanes. Como hermano mayor, Esaú poseía la primogenitura. Pero en forma tonta e impulsiva, y debido a que tenía mucha hambre, ¡cambió su derecho como primogénito por un simple plato de lentejas! Mientras explicaba la santidad, el escritor del libro de Hebreos describió así a Esaú y su conducta: «No sea que haya algún fornicario, o profano, como Esaú, que por una sola comida vendió su primogenitura» (Hebreos 12:16). Este acto impulsivo de parte de Esaú no solo tuvo consecuencias físicas, sino también implicaciones espirituales.

Esaú no consideró el costo cuando enfrentó decisiones importantes. Tomó sus decisiones de acuerdo con sus necesidades inmediatas en lugar de su afectación a largo plazo. Por desgracia, es demasiado fácil para nosotros tomar decisiones carnales en vez de espirituales, sin pensar en las consecuencias. En el caso de Esaú se nos dice «que aun después [Esaú], deseando heredar la bendición, fue desechado, y no hubo oportunidad para el arrepentimiento, aunque la procuró con lágrimas» (v. 17).

La próxima vez que estés tentado a actuar impulsivamente, detente y sigue este principio: no tomes ninguna decisión sin orar. Toma tiempo para orar y pensar en tus opciones, en las consecuencias y en cómo estas se reflejarán en tu testimonio cristiano.

ESDRAS

Un hombre cuya autoridad era la Palabra de Dios

Esdras había preparado su corazón para inquirir la ley de Jehová y para cumplirla.

ESDRAS 7:10

Esdras era un sacerdote que vivía en el exilio en la tierra de Persia. Mucho antes que el rey persa comisionara a Esdras para que llevara un grupo de judíos a Jerusalén, Dios estaba preparándolo para esta tarea. No dejes de observar el corazón de Esdras no solo para Dios, sino para su Palabra:

- Primero, como escriba, Esdras se dedicó al estudio diligente de la Palabra de Dios.
- Segundo, Esdras decidió aplicar y obedecer personalmente lo que aprendía de las Escrituras.
- Tercero, Esdras deseaba enseñar a otros a conocer y obedecer la Palabra de Dios (Esdras 7:10).

No es sorprendente que Esdras haya tenido una influencia tan importante en el pueblo al mantener estas prioridades:

Él entendía la importancia de la Palabra de Dios. Tres pasos (estudiar, aplicar y obedecer la Palabra de Dios) son esenciales para tu crecimiento espiritual. Los logros de

Esdras pueden atribuirse directamente a su compromiso de vivir por las normas de la Palabra de Dios. Al hacer lo mismo, lograrás crecimiento en tu relación con Dios.

Él confiaba a Dios todos los aspectos de su vida. Esdras pudo haber decidido no arriesgarse en lo que sabía que iba a ser una tarea y un viaje difíciles (Esdras 7:1-8). En lugar de eso confió en el poder de Dios para proveerle y cuidar de él. Esdras confiaba en Dios, y tú también deberías hacerlo. ¿Qué aspectos de tu vida debes confiar en las manos todopoderosas de Dios?

Aférrate a la autoridad de la Biblia. Esdras no estuvo dispuesto a cambiar las verdades que enseña la Palabra de Dios. Para Esdras, las Escrituras no estaban abiertas a reinterpretación. La Palabra escrita de Dios es perfectamente clara. Acepta su autoridad en tu vida, y sé ejemplo a otros de su autoridad. Tu vida es la única Biblia que algunas personas podrían leer alguna vez. Tu ejemplo puede hablar más fuertemente a algunas personas que tu enseñanza. Como enseña el dicho: «Las acciones dicen más que las palabras».

EZEQUÍAS

Un hombre de influencia

[Ezequías] hizo lo recto ante los ojos de Jehová, conforme a todas las cosas que había hecho David su padre.

2 Reyes 18:3

Ezequías, cuyo nombre significa «fortaleza de Jehová» o «fuerza de Dios», fue uno de los reyes del reino sureño de Judá. A diferencia de su predecesor, Ezequías fue un rey justo. En 2 Reyes 18:5 fue elogiado por su fidelidad a Dios. A este hombre quizás se le conoce mejor por su vida de oración. En una oración, Ezequías le pidió a Dios que interviniera contra el ejército asirio invasor. Dios contestó matando a 185.000 hombres en el campamento asirio, haciendo que el rey asirio Senaquerib huyera. En otra oración, Ezequías le pidió a Dios que interviniera en su enfermedad terminal. Dios le respondió y le concedió al rey quince años más de vida.

Al igual que Ezequías, ¡tú puedes cambiar las cosas! No tienes que preguntarte si la herencia o el ambiente determinan tu destino. Ezequías desafió ambas cosas. Su padre terrenal, Acaz, fue un idólatra que cerró el templo y estableció adoración a ídolos paganos en toda la tierra. En marcado contraste, Ezequías produjo una importante reforma espiritual y motivó al pueblo a volverse a Dios. Fue uno de los pocos reyes en la historia de Judá a quienes

Dios comparó favorablemente con su antepasado, el rey David.

Podrías estar preguntándote: «¿Cómo puedo cambiar las cosas? ¡Solo soy alguien insignificante!». Bueno, ¡puedes agradecerle a Dios que te ha dado dos armas increíbles para poder cambiar las cosas!

- *Arma 1:* Al igual que Ezequías, tú tienes el arma de la oración. El Nuevo Testamento nos dice que la oración cambia situaciones: «La oración eficaz del justo puede mucho» (Santiago 5:16).
- *Arma 2:* Al igual que Ezequías, tú puedes usar el carácter como un arma poderosa: puedes ser un «hombre justo».

Tu vida de oración y tu carácter piadoso destellarán en medio de un mundo de tinieblas.

Ezequiel

Un hombre que era atalaya

Hijo de hombre, yo te he puesto por atalaya a la casa de Israel.

Ezequiel 3:17

Ezequiel formó parte de un primer grupo de judíos llevados cautivos a Babilonia. La destrucción definitiva de Jerusalén ocurriría once años después. Desde el inicio del ministerio de Ezequiel, Dios lo describió como su atalaya sobre la muralla de una ciudad. En la época de Ezequiel, un atalaya tenía una gran responsabilidad. Debía ejercer una vigilancia fiel porque, si fallaba en su puesto, toda la ciudad sería destruida. Como atalaya *espiritual*, el trabajo de Ezequiel era advertir fielmente al pueblo sobre el juicio venidero. Dios lo comisionó para comunicar un mensaje de responsabilidad individual.

Dios está llamándote a ser uno de sus atalayas, un atalaya espiritual. Para hacer esto, primero debes vigilar tu propia condición espiritual. Entonces estarás calificado para vigilar y advertir a tu familia, tus amigos y conocidos sobre las consecuencias de no seguir los mandatos de Dios.

Dios espera obediencia personal. La importancia de la responsabilidad de cada persona delante de Dios era parte central del mensaje de Ezequiel. Hoy día es fácil suponer que puedes mezclarte con una multitud de asistentes a la iglesia y por tanto no sentir el peso de la responsabilidad por tus acciones delante de un Dios santo. Pero, cuando lees las advertencias de Ezequiel al pueblo de Judá, te das cuenta de que Dios está personalmente interesado en ti y en tus acciones. Según esto, ¿hay algunos cambios que debas hacer en la forma en que vives? No pierdas tiempo. Arregla pronto las cosas con Dios para que puedas cumplir tu papel de atalaya espiritual.

Dios siempre da esperanza, incluso en el momento más sombrío. En la hora más siniestra de Judá, Ezequiel llevó el mensaje divino de radiante esperanza para el futuro. Actualmente puedes estar experimentando circunstancias sombrías y siniestras, pero no desesperes. Hay ayuda cuando recurres a las fuerzas y el poder de Jesús. Recuerda, si tienes la luz de Jesús en tu vida, nunca estarás solo cuando enfrentes momentos sombríos.

GEDEÓN

Un hombre que pidió una señal

Te ruego que si he hallado gracia delante de ti, me des señal.

JUECES 6:17

Gedeón fue juez en Israel durante una época en que la nación estaba bajo la opresión de los madianitas. Esto se había producido por la desobediencia de Israel contra Dios. El Señor llamó a Gedeón a destruir no solo un altar edificado en honor a un dios falso llamado Baal, sino también a derrotar al enorme ejército madianita. Debido a que Gedeón tenía una fe débil pidió dos señales (un vellón húmedo y luego un vellón seco), a fin de saber si Dios realmente utilizaría o no a un simple agricultor como él para salvar a Israel. El Señor le dio a Gedeón las señales que afirmaban que tendría la victoria, pero para asegurar que el pueblo supiera que la victoria venía del Señor mismo, Dios ordenó que el ejército de Gedeón de veintidós mil hombres se redujera a trescientos.

Armada solo con trompetas y antorchas escondidas en cántaros de barro, la pequeña fuerza de Gedeón prevaleció. Más tarde él rechazó la oferta del pueblo de convertirlo en su rey, diciendo que ni Gedeón ni su hijo gobernarían al pueblo, sino el Señor Dios.

¿Estás pidiendo una señal a Dios? Gedeón quería una prueba de que él, un simple agricultor, podía derrotar de veras al poderoso ejército madianita. En su gracia, el Señor le dio una señal (en realidad, dos señales). Más importante aún, le dio una victoria impresionante. Ahora, ¿y tú? A la mayoría de nosotros nos gustaría creer que nunca cuestionaríamos a Dios ni le pediríamos prueba si nos visitara. Pero piensa en esto: cada vez que abres la Palabra de Dios y no respondes con fe a su mensaje, estás siguiendo los pasos de Gedeón. Si quieres tener más de la guía de Dios, no «saques un vellón». Pide fe para creer, y confía en que Dios cumplirá: «Es, pues, la fe la certeza de lo que se espera, la convicción de lo que no se ve» (Hebreos 11:1).

GOLIAT

Un hombre que confió en la fuerza física

Salió entonces del campamento de los filisteos un paladín, el cual se llamaba Goliat.

1 SAMUEL 17:4

¿Has estado alguna vez al lado de un jugador profesional de baloncesto o de fútbol americano? Estos atletas son increíblemente altos e imponentes. Imagina ahora estar parado delante de un hombre que medía casi tres metros de altura. ¡Sería intimidante! Goliat era un gigante lleno de confianza en sí mismo, y su simple presencia inmovilizó a todo el ejército de Israel. Presumiendo su enorme armadura y sus armas, blasfemó al Dios de Israel y desafió a uno de los israelitas a batirse en duelo con él. Goliat no tenía ninguna duda de que con su fuerza y poder podía derrotar a cualquiera.

A Goliat nunca se le ocurrió que fuera vulnerable hasta que un jovencito llamado David lanzó una piedrecita que se incrustó entre los ojos del gigante. Antes del enfrentamiento, el rey Saúl le ofreció su armadura a David, pero no le quedó bien. David recurrió entonces a las dos armas en las que podía confiar: su confianza en Dios y su honda de pastor.

Muy a menudo entramos en nuestras batallas diarias pensando como lo hizo Goliat. No necesariamente contamos con nuestras fuerzas físicas y nuestro tamaño, pero permitimos que nuestro orgullo y ego nos hagan creer que podemos derrotar al mundo. Como Goliat, no reconocemos nuestras vulnerabilidades. El apóstol Pablo ofreció la perspectiva correcta cuando manifestó: «Las armas con que luchamos no son del mundo, sino que tienen el poder divino para derribar fortalezas» (2 Corintios 10:4, NVI).

No enfrentes el mundo según sus condiciones ni trates de igualar sus armas. En cambio, acepta los recursos que Dios ofrece en Efesios 6:10-18: «Vestíos de toda la armadura de Dios, para que podáis estar firmes contra las asechanzas del diablo» (v. 11). La armadura y las armas de Dios no son de este mundo, y por tanto no fallarán. ¿Cuánto de la armadura espiritual de Dios estás usando hoy? ¡Ponte la armadura y pelea la buena batalla de la fe!

ISAAC

Un hombre con un espíritu apacible

[Isaac] respondió: Es mi hermana; porque tuvo miedo de decir: Es mi mujer.

GÉNESIS 26:7

Isaac es importante porque fue un personaje de transición. La promesa hecha por Dios a *Abraham* de que haría de él una gran nación se transmitió a *Isaac*, quien más tarde transmitiría esa herencia a su hijo *Jacob*. El espíritu sereno de Isaac le sirvió cuando, al principio de su vida, por fe y confiando en Dios, no puso objeción cuando su padre Abraham obedeció a Dios al levantar un cuchillo para sacrificarlo (Génesis 22:1-10).

Isaac se casó más tarde con Rebeca y tuvieron hijos gemelos, Esaú y Jacob. El punto más bajo en su matrimonio llegó cuando, al igual que su padre Abraham, Isaac le pidió a su esposa Rebeca que mintiera acerca de su relación marital. Cuando se descubrió su cobarde mentira, el rey de los filisteos lo confrontó (Génesis 26:6-9). El espíritu apacible de Isaac se volvió a ver al negarse a ser provocado cuando sus enemigos reclamaron como propios los pozos que le pertenecían a él (Génesis 26:15-21).

Isaac se contentaba con vivir tranquilamente en la tierra prometida, cuidando sus rebaños y manadas. En Mateo 5:9, Jesús habló de las bendiciones de ser un pacificador. Pero la naturaleza pasiva de Isaac tenía su parte sombría, la cual evidenció cuando se negó a defender a su esposa de la posibilidad de deshonra sexual. Una naturaleza tranquila es un buen activo que tenemos en nuestro mundo violento, pero nunca debe usarse a expensas de tu carácter, tus responsabilidades o tu obediencia a las normas divinas. Confía en que Dios te ayude a defender lo que sabes que es correcto. Él te protegerá y honrará tu valentía. Además, tener un espíritu apacible no es una excusa o licencia para la inactividad. Nunca te conformes con la situación. Un espíritu tranquilo puede avanzar con audacia a lo largo de tu servicio a Dios.

ISAAC

Un hombre que tuvo un hijo favorito

Amó Isaac a Esaú, porque comía de su caza.

GÉNESIS 25:28

Isaac fue el hijo prometido y muy esperado de Abraham y Sara. Se casó con Rebeca, quien vino de la tierra natal de Abraham en Mesopotamia, y tuvieron hijos gemelos, Esaú y Jacob. Por desgracia, cada padre tenía un hijo favorito. Isaac amaba a Esaú por su forma de ser áspera y ruda, y por sus habilidades de cazador. Rebeca amaba a Jacob por su benignidad y su deseo de ser un muchacho hogareño. Con la ayuda de su madre, Jacob engañó a su padre para que le diera «la bendición» que debió haber ido al hijo mayor, que era Esaú. Este engaño y una vida de favoritismo obligaron a Isaac a enviar a Jacob a la familia de Rebeca para protegerlo de la promesa de venganza de Esaú por la bendición robada. El favoritismo de los padres llevó a la disolución permanente de la familia de Isaac.

Como podemos ver del hogar de Isaac, el favoritismo lleva a conflicto y división. Si eres padre, evita la tentación de tratar a alguno de tus hijos como un «pequeño tú», esperando que siga tus pasos o vaya tras tus metas y ambiciones. Cada uno de tus hijos es un regalo único de parte de Dios. Cada uno ha sido formado por la mano de Dios, y es mucho mejor elogiar las cualidades y habilidades únicas de cada uno de tus hijos en lugar de favorecer a aquel cuya personalidad o cuyas fortalezas te gustan más.

También es importante proteger contra el favoritismo en la familia de tu iglesia: «Hermanos míos, la fe que tienen en nuestro glorioso Señor Jesucristo no debe dar lugar a favoritismos» (Santiago 2:1, NVI). Santiago condena que se trate mejor a una clase de personas que a otras basándose en lo que visten (vv. 2-7). Si afirmas que Cristo es tu Señor, debes vivir como Él requiere, sin mostrar favoritismos y amando a todas las personas, sin importar que sean ricas o pobres.

Un hombre que tuvo un corazón dispuesto

Oí la voz del Señor, que decía: ¿A quién enviaré...? Entonces respondí yo: Heme aquí, envíame a mí.

Isaías 6:8

Isaías fue un profeta que se ofreció como voluntario para llevar el mensaje de Dios al pueblo en Jerusalén y sus alrededores. Su ministerio abarcó cincuenta y tres años, a través de los reinados de cuatro reyes. Isaías condenó el ritualismo vacío de su época y la idolatría del pueblo. Predijo el venidero cautiverio babilónico de Judá a causa de su pecado. Más que cualquier otro profeta, Isaías proporcionó información sobre el día de la venida del Señor y el reino futuro de Israel en la tierra. Dios usó a Isaías para profetizar muchos acontecimientos, incluso el nacimiento de Jesús el Mesías y su muerte a favor de la humanidad. ¿Cuáles son algunas de las verdades que aprendemos de la vida de Isaías?

El servicio a Dios no exige un reconocimiento público Isaías fue un gran hombre con un ministerio destacado, pero se sabe poco de su vida. Su motivación por el ministerio no estaba impulsada por una necesidad de distinción pública o por ser el centro de atención; él solo quería hacer su parte. ¿Puedes hacer tu parte y declarar: «Heme aquí, envíame a mí»? Busca servir a Dios y su pueblo sin desear atención pública. El servicio a Dios en cualquier capacidad es suficiente recompensa.

Un Dios justo requiere una respuesta justa. La visión que Isaías tuvo de la santidad de Dios lo hizo humildemente consciente del juicio que merecía por su propia condición pecaminosa. Al igual que Isaías, vive a la luz de la santidad de Dios. Una sensación de ser indigno seguida de agradecimiento debería ser tu respuesta cada vez que entras a la presencia de Dios a través de la oración.

El mensaje de Dios debe comunicarse fielmente a pesar de la respuesta que obtenga. Isaías respondió con entusiasmo al llamado de Dios y proclamó fielmente el mensaje divino durante más de cincuenta años. Aunque reyes y otros más hicieron caso omiso a sus advertencias, él siguió predicando de todos modos. Dios también está pidiéndote que comuniques fielmente el mensaje de Jesucristo y que dejes la respuesta en sus manos.

ISMAEL

Un hombre que fue una víctima

Echa a esta sierva y a su hijo, porque el hijo de esta sierva no ha de heredar con Isaac mi hijo.

GÉNESIS 21:10

¿Por qué pasan cosas malas a gente buena? ¿Por qué personas inocentes se ven envueltas en tragedias? Suceden muchas cosas que no tienen sentido ni parecen justas. Ismael pudo haber reflexionado en las mismas preguntas cuando él y su madre Agar fueron expulsados de su casa por circunstancias ajenas a su voluntad. Hasta que esto ocurrió, a Ismael lo habían tratado como hijo y heredero en la casa de su padre Abraham. De pronto era un desamparado sin ninguna esperanza para el futuro, o al menos así parecía. Era una víctima… ¿o no?

Dios no abandonó a este adolescente, pues le había dicho a Abraham antes de la expulsión de Ismael: «También del hijo de la sierva haré una nación, porque es tu descendiente» (Génesis 21:13). Efectivamente, en el tiempo de Dios, Ismael tuvo muchos descendientes y se convirtió en el padre de muchas naciones. La provisión y protección divina de Ismael es un testimonio de la fidelidad de Dios y de su plan soberano.

No hay «víctimas» en los planes de Dios para su pueblo (incluyéndote) como afirma Romanos 8:28: «Sabemos que a los que aman a Dios, todas las cosas les ayudan a bien, esto es, a los que conforme a su propósito son llamados». Dios organiza cada aspecto de tu vida para lograr sus propósitos. No eres una víctima de lo que ha sucedido en tu pasado, de lo que te sucede, ni de lo que te ocurrirá en el futuro. Dios no se equivoca. Todo suceso y toda supuesta «tragedia» ocurren para tu bien y para la gloria de Dios.

Puede que hoy no pienses así, pero todo sufrimiento que experimentas es una oportunidad para que Dios fortalezca tus músculos espirituales. Una oportunidad para que experimentes una vez más la divina gracia de Dios. Una oportunidad para experimentar la promesa de Dios: «Bástate mi gracia; porque mi poder se perfecciona en la debilidad» (2 Corintios 12:9).

Jacob

Un hombre que fue egoísta

Jacob dijo a su familia... Quitad los dioses ajenos que hay entre vosotros.

Génesis 35:2

Jacob era simplemente egoísta. Es difícil pasar por alto este defecto de carácter y estos hechos acerca de Jacob:

- Quiso la primogenitura de Esaú y la tomó.
- Quiso la bendición de su padre y permitió que su voluntariosa madre le ayudara a engañarlo.
- Quiso a Raquel como esposa y no le importó a quién dañara mientras la buscaba.
- Quiso riqueza y mostró poco interés en su familia.

¿Es necesario continuar? Lo trágico es que Jacob consiguió todo lo que quiso, pero en el proceso perdió a su familia. Dios, el matrimonio y la familia no parecían ser prioridades para Jacob, quien evidentemente estaba tan preocupado consigo mismo, y con sus problemas con su suegro, que olvidó educar a su familia en los caminos de Dios hasta que fue demasiado tarde. En consecuencia, su familia adoptó dioses extranjeros. Esta influencia pagana seguiría a la familia de Jacob durante siglos, y finalmente fue llevada al cautiverio a causa de su idolatría.

Al igual que Jacob, vives en una sociedad pagana. ¿Qué estás haciendo para proteger tu fe en Cristo y asegurar que se transmita a tu familia? ¿Estás tan ocupado haciendo lo tuyo que no provees a tu familia fuerte dirección espiritual? No tienes que ser estudiante de escuela bíblica para ser el líder espiritual de tu familia. Si te sientes inadecuado, busca la ayuda de los líderes en tu iglesia. El liderazgo espiritual que proporcionas a tu familia puede ser tan simple como leer juntos la Biblia. Haz lo que Dios espera de ti y vive tu fe. Dedica algún tiempo cada día para hablar de cosas espirituales con los que están en casa. Es fácil ser egoísta o creer que estás muy ocupado, pero guiar, amar y enseñar a tu familia te dará recompensas increíbles y resultados eternos.

Un hombre que vivió con engaños

[Isaac] dijo: ¿Eres tú mi hijo Esaú? Y Jacob respondió: Yo soy.

GÉNESIS 27:24

Jacob (cuyo nombre significa «engañador», «sinvergüenza» o «suplantador») fue un hijo gemelo nacido a Isaac y Rebeca, ¡y definitivamente le hizo honor a su nombre! Al principio de su vida, Jacob tenía una tendencia pronunciada a mentir, engañar, manipular y tomar la justicia en sus manos. Y la madre de Jacob, Rebeca, no ayudó, sino que lo alentó a engañar a su padre Isaac y recibir la bendición del hijo mayor, Esaú. Sin embargo, el pecado siempre tiene consecuencias. Al final, Jacob debió huir para salvarse y nunca más volvió a ver a su madre con vida.

Después de huir del hogar de su infancia, al mismísimo Jacob otros le mintieron y engañaron, incluso su conspirador suegro Labán. Esto lo llevó a comenzar a buscar guía en Dios. Al final de su vida, Jacob fue mucho más dependiente de pedir dirección divina que de hacer las cosas a su manera.

El fin no justifica la manipulación de nuestras circunstancias, especialmente si recurrimos al engaño. Dios condena el engaño y bendice la verdad: «Los labios mentirosos son abominación a Jehová; pero los que hacen verdad son su contentamiento» (Proverbios 12:22).

En lugar de tratar de engañar para salir de una situación como hacía Jacob, mira tus circunstancias como oportunidades para confiar en Dios y crecer espiritualmente. Dios quiere que aprendas de tus problemas, no que los evites ni te molestes con ellos. Acepta tu vida como es con todas sus pruebas. Pídele a Dios que te fortalezca y te dé un corazón más confiado. Como Jacob finalmente comprendió, tú puedes experimentar las soluciones de Dios, ¡que siempre son mejores! Dios no necesita tu ayuda para hacer su voluntad, así que confía en que Él resolverá tus circunstancias.

JEREMÍAS

Un hombre que fue fiel a la tarea

Tú guardarás en completa paz a aquel cuyo pensamiento en ti persevera; porque en ti ha confiado.

Isaías 26:3

A veces es difícil mantenerte centrado y concentrarte en la tarea, ¡especialmente si tu cometido es impopular! Sin embargo, Jeremías pudo perseverar, aunque enfrentó intensa persecución y ridículo. Fielmente comunicó la Palabra de Dios al pueblo durante cuarenta años, advirtiéndole de la muerte y el cautiverio que sin duda vendría a menos que se arrepintieran y se volvieran a Dios. Pero nadie escuchó a Jeremías.

Con frecuencia Jeremías perdió la esperanza con relación a la misión que Dios le asignó como profeta. Incluso los habitantes de su propia ciudad lo odiaron. Los mensajes de Jeremías definitivamente no eran populares, pero él permaneció obediente a su llamado de advertir al pueblo. Aún en su desesperación, alabó al Señor.

A pesar de sufrir inmensamente por eso, Jeremías fue fiel a Dios. Contra viento y marea se mantuvo en la tarea, predicando y advirtiendo al pueblo de Dios. ¿Cuál fue el costo de tal entrega? El pueblo odió y amenazó a Jeremías, e incluso lo azotó y encarceló. Sin embargo, él se negó a dudar de la misión de Dios. Soportó a pesar de las dificultades. Predicó sin parar durante cuarenta años, incluso sin respuesta, pero Dios lo animó continuamente.

Tal vez nunca enfrentes el nivel de persecución experimentado por Jeremías, pero dondequiera que la vida te encuentre aún puedes recurrir a los mismos recursos y el mismo aliento que Dios le puso a disposición. En cualquier situación que enfrentes, no te frustres, no retrocedas, no abandones ni renuncies. Persiste. A pesar de cualquier persecución o burla, vuélvete a Dios.

Revisa y renueva tu compromiso con Él. Cuenta con que su gracia te vea a través de todos y cada uno de los problemas. Como Jeremías, mantén tu corazón y mente fijos en Él, y haz lo que el profeta hizo: «Load a Jehová» (Jeremías 20:13).

JOÁS

Un hombre con fe de segunda mano

Hizo Joás lo recto ante los ojos de Jehová todos los días de Joiada el sacerdote.

2 CRÓNICAS 24:2

Ser líder de la clase que sea es difícil a cualquier edad, pero especialmente si solo tienes siete años. La tragedia había golpeado el reino de Judá con la muerte del rey Ocozías (2 Reyes 9:27) y los subsiguientes asesinatos de todos los hijos del rey, menos uno: Joás. Lo que hizo aún más horribles los asesinatos fue que los cometió Atalía, la abuela de Joás. El rey permaneció oculto durante seis años hasta que mataron a Atalía, y entonces se convirtió en el niño monarca (2 Reyes 11).

Inicialmente, Joás escuchó el consejo piadoso de un sacerdote llamado Joiada, e hizo muchas mejoras en el templo y se aseguró que los sacrificios y los holocaustos se hicieran fielmente al Dios de Israel. Pero, después de la muerte de Joiada, Joás abandonó casi inmediatamente sus objetivos piadosos. Cuando Zacarías, el hijo de Joiada, reprendió al rey, Joás ordenó que lo ejecutaran, y no pasó mucho tiempo antes que Joás fuera asesinado.

Joás es un excelente ejemplo de fe de segunda mano. Sus decisiones iniciales no se basaron en un corazón de verdadera fe, sino en la fe de otro, Joiada. Mientras el sacerdote estuvo vivo, Joás actuó como un auténtico creyente. Pero, cuando acabó la influencia piadosa de Joiada, se hizo evidente la verdadera naturaleza incrédula de Joás.

Es fácil «jugar a la iglesia» cuando estás en ella o cerca de cristianos, pero ¿y el resto de la semana? ¿Cambia tu compromiso con tus circunstancias? Algo que demuestra de veras que tu fe es verdadera es el modo en que actúas estando con incrédulos. Si luchas por mantener el testimonio cristiano en un mundo hostil e incrédulo, lee los seis primeros capítulos del libro de Daniel. Este joven vivió bajo influencias paganas, pero sus enemigos admitieron que pasó la prueba de la verdadera fe: «No hallaremos contra este Daniel ocasión alguna para acusarle, si no la hallamos contra él en relación con la ley de su Dios» (Daniel 6:5).

¿Qué dice el mundo acerca de ti y de tu fe?

JOB

Un hombre que padeció para la gloria de Dios

A pesar de todo lo que le había sucedido, Job no ofendió a Dios ni le echó la culpa.

JOB 1:22 (TLA)

Job vivió casi al mismo tiempo que Abraham, el padre de la nación hebrea. Job era un líder rico e influyente, y esposo y padre amoroso. Un día, en el lapso de pocas horas, perdió todo por una serie de desastres. A Job solamente le quedaron su fe en Dios y preguntas como por qué le habían ocurrido tales calamidades.

Job nunca supo por qué Dios le había permitido sufrir, pero aprendió a aceptar su situación sin cuestionar el carácter, la sabiduría y el juicio del Señor. El Job que perseveró a través de su sufrimiento conoció mejor a Dios y confió en Él más profundamente que el Job que entró a tales pruebas.

¿Qué puedes aprender de Job?

El sufrimiento debe verse desde una perspectiva divina. Al igual que Job en sus primeros días, podrías estar viviendo sin problemas. Pero Dios nunca prometió que la vida siempre estaría libre de preocupaciones. El sufrimiento vendrá, y debemos aprender a verlo desde una perspectiva divina. Cuando sufres, Dios obra en maneras que a menudo no entiendes o no logras entender. Estos momentos desconcertantes son oportunidades para fortalecer tu fe en la sabiduría de Dios e incrementar tu confianza en que su gracia te ayuda a seguir adelante: «Bástate mi gracia; porque mi poder se perfecciona en la debilidad» (2 Corintios 12:9).

El sufrimiento debe ser para la gloria de Dios. Cuando las dificultades se presentan a tu puerta, permanece fiel a Dios. Sigue amándolo y sirviéndole, confiando en Él y buscándolo. Al igual que Job, mantente firme en tu caminar con Dios. Haz lo correcto. Alaba al Señor con tus labios. Humíllate delante de Él. Cree que Dios está en control constante, pase lo que pase. Si permaneces fiel en tu sufrimiento, el Señor será honrado y glorificado.

Jonás

Un hombre que recibió una segunda oportunidad

Cuando mi alma desfallecía en mí, me acordé de Jehová.

Jonás 2:7

Jonás fue un profeta reacio que no quería cumplir la misión ordenada por Dios de predicar un mensaje de juicio a los temidos asirios en Nínive. Su desprecio por los ninivitas era tan fuerte que prefirió escapar de Dios en lugar de obedecerle. Tras ser milagrosamente tragado por un gran pez, Jonás entró en razón (Jonás 2).

Dios pasó por alto la rebelión de Jonás y le dio una segunda oportunidad de servirle. Le ordenó una vez más que viajara a Nínive a predicar el mensaje de Dios. Y, efectivamente, el peor temor de Jonás se hizo realidad. ¡En su mayoría, los habitantes de la ciudad se arrepintieron! Jonás se enojó mucho porque Dios decidió salvar a Nínive. Al profeta le preocupaba más su orgullo nacional que las personas que estaban espiritualmente perdidas, en especial porque eran enemigas de su nación. Sin embargo, a través de todo esto, Dios nunca renunció a Jonás.

Dios fue compasivo tanto con los habitantes de Nínive como con Jonás. Podrías creer que Dios ha renunciado a ti, o quizás crees que tus pecados y fracasos son demasiados como para que Dios te perdone. Pero la paciencia y la bondad de Dios también están a tu disposición. El rey David sabía de segundas oportunidades cuando escribió: «Mi pecado te declaré, y no encubrí mi iniquidad. Dije: Confesaré mis transgresiones a Jehová; y tú perdonaste la maldad de mi pecado» (Salmos 32:5).

Dios está listo para darte una segunda oportunidad, pero debes hacer tu parte. Deja de huir de Él y vuélvete en arrepentimiento. Pídele perdón. Entonces también puedes clamar junto con David: «Bienaventurado aquel cuya transgresión ha sido perdonada, y cubierto su pecado» (Salmos 32:1). ¡Qué Dios misericordioso tienes!

JONATÁN

Un hombre que fue un amigo leal

Jonatán... vino a David a Hores, y fortaleció su mano en Dios.

1 SAMUEL 23:16

Seguramente has tenido experiencia con un «amigo en las buenas». Esta persona permanece cerca mientras las cosas están bien. Por lo general, tal amistad es una vía de un solo sentido. Mientras la otra persona esté feliz, todo está bien. Pero el momento en que discrepas o surge un problema, ese «amigo» desaparece y no quiere saber nada de ti. Por el contrario, un amigo verdadero es leal.

La amistad entre Jonatán y David como se describe en la Biblia se caracterizó por gran lealtad aun en medio de la adversidad. Cuando David fue señalado para ser asesinado por el padre de Jonatán, el rey Saúl, «Jonatán... vino a David... y fortaleció su mano en Dios» (1 Samuel 23:16). Es sorprendente que Jonatán aún quisiera ser amigo de David porque...

- Dios había seleccionado a David en lugar de Jonatán para ser el próximo rey.
- El padre de Jonatán estaba terriblemente celoso de David e intentó matarlo en varias ocasiones.
- David era muy talentoso y mucho más popular con el pueblo que Jonatán o su padre.

Por estas razones, Jonatán pudo haber rechazado a David. En cambio, siguió siendo el amigo más leal y confiable de David, y una fuente de ánimo en el Señor.

¿Qué tan leal eres como amigo? ¿Eres un «amigo… más unido que un hermano» (Proverbios 18:24)? La lealtad de otros empieza siendo leal con ellos. La mejor manera de ser leal a tus amigos es mantenerlos en un nivel elevado: el nivel de Dios. Tu papel no es decirles lo que crees que *quieren* escuchar, sino lo que *necesitan* escuchar. Tu primera prioridad es ayudarles a encontrar fortaleza en Dios a través de las Escrituras y de orar juntos. Esto es lo que significa ser un amigo leal.

Un hombre que clamó a Dios

Lo rodearon para pelear; mas Josafat clamó, y Jehová lo ayudó.

2 CRÓNICAS 18:31

Josafat fue uno de los reyes buenos del reino del sur. En 1 Reyes 22:43 se nos dice que «anduvo... sin desviarse... haciendo lo recto ante los ojos de Jehová». Desdichadamente, Josafat cometió muchos errores. Primero permitió que su hijo se casara con Atalía, la hija de Acab y Jezabel. Luego, sin preguntar a Dios, hizo alianza con Acab, quien lo persuadió a unir fuerzas para atacar a un enemigo común. Dios advirtió a Josafat por medio del profeta Micaías que tal plan no triunfaría, pero Josafat no hizo caso a la advertencia y entró en batalla, demostrando desobediencia voluntaria.

Casi al instante, Josafat se metió en un gran problema y él lo sabía. El ejército opositor lo confundió con el rey Acab, y Josafat se convirtió en el objetivo de su ataque. En ese momento pudo haber aceptado su destino, sabiendo que era culpable ante Dios, e intentar salir de la insostenible situación. O pudo haberse tragado su orgullo y clamar a Dios que lo liberara. Escogió sabiamente (clamarle a Dios) y el Señor lo salvó de manera milagrosa.

Admitir que estás equivocado es difícil. Lo que es aún más difícil es admitir que has pecado. En lugar de dirigirte hacia Dios en busca de perdón y restauración, el orgullo te empuja en la dirección opuesta, lejos de Dios. Eso es lo que Adán y Eva hicieron en el huerto del Edén. Ellos se escondieron de Dios. El rey David también se negó a acudir a Dios cuando cometió adulterio con Betsabé. ¿La consecuencia? David admitió: «Mientras callé, se envejecieron mis huesos en mi gemir todo el día.... Se volvió mi verdor en sequedades de verano» (Salmos 32:3-4).

Si estás albergando pecado no confesado y tratas de huir de Dios, detente. La difícil situación de Josafat nos muestra que volvernos a Dios (suplicarle) siempre es el curso correcto de la acción. Por grande o pequeño que sea tu pecado, Dios está dispuesto a perdonarte clementemente.

JOSÉ

Un hombre que tuvo una perspectiva de Dios

Vosotros pensasteis mal contra mí, mas Dios lo encaminó a bien.

GÉNESIS 50:20

José fue el undécimo de los doce hijos de Jacob. Nació de Raquel, la esposa que Jacob más amaba. No es de extrañar entonces que José fuera el hijo favorito de Jacob, lo que produjo celos en sus hermanos. La situación empeoró por los sueños del muchacho en que sus hermanos se inclinaban delante de él. Como resultado, ellos se ofendieron profundamente con él y, cuando surgió una oportunidad de deshacerse de José, lo hicieron. Lo vendieron como esclavo a mercaderes que viajaban a Egipto.

José padeció injustamente, pero con firmeza confió en Dios, tomó decisiones correctas y, al final, fue exaltado como segundo al mando sobre todo Egipto. A pesar de las muchas injusticias que enfrentó debido a la maldad que cometieron con él sus hermanos, José mostró tremenda compasión al perdonarles y recibirlos para compartirles las bendiciones de Dios en la tierra de Egipto. José miró más allá de las acciones de sus hermanos, sabiendo que Dios tenía el control. Como explicó a su familia: «vosotros pensasteis mal contra mí, mas Dios lo encaminó a bien, para hacer lo que vemos hoy, para mantener en vida a mucho pueblo» (Génesis 50:20).

¿Crees que Dios siempre tiene en mente tu mejor interés? Quizás hoy día estés pasando dificultades, y no puedas ver cómo pueda salir algo bueno de tu circunstancia actual. Es durante los momentos de prueba que debes mirar más allá de tu actual situación y confiar en Dios, creyendo que Él está ejerciendo su voluntad para ti. A fin de tener la perspectiva que José tenía de Dios, haz y cree como el apóstol Pablo escribió: «Sabemos que a los que aman a Dios, todas las cosas les ayudan a bien, esto es, a los que conforme a su propósito son llamados» (Romanos 8:28). Suceda lo que suceda, confía siempre en Dios. Cree que Él está obrando para tu bien y su gloria.

JOSÉ

Un hombre que decidió no pecar

¿Cómo, pues, haría yo este grande mal, y pecaría contra Dios?

GÉNESIS 39:9

Raquel era la esposa favorita de Jacob, lo cual hizo especial a José, el hijo de ella, ante los ojos de su padre. Sin embargo, debido al favoritismo de Jacob y la incapacidad de José para guardarse sus sueños proféticos, este fue vendido por sus hermanos a la esclavitud en Egipto. José podía haberse vuelto amargado y rebelde hacia Dios. Y, cuando llegó la oportunidad de tener un romance sexual secreto con la esposa de su amo, José podía haber pensado: *¿Por qué no abandonar a Dios, ya que según parece Él me ha abandonado?*

No obstante, la respuesta de José fue exactamente lo contrario, pues declaró: «¿Cómo, pues, haría yo este grande mal, y pecaría contra Dios?» (Génesis 39:9). Él entendía que el pecado no solo tiene consecuencias físicas sino también espirituales. La respuesta de José ante las adversidades y tentaciones que enfrentó revelan el verdadero estado de su corazón. José era un hombre de carácter e integridad impecable: un hombre que se negaba a participar en el pecado.

¿Qué hay en tu corazón? ¿Culpas a Dios cuando surgen adversidades? ¿Le das la espalda a Dios y sus mandamientos bíblicos? ¿Justificas una conducta incorrecta cuando se presenta la tentación? No dejes que los problemas te derriben. Estas son las palabras alentadoras que Jesús ofreció a sus discípulos antes de ir a la cruz: «En el mundo tendréis aflicción; pero confiad, yo he vencido al mundo» (Juan 16:33).

Dios no abandonó a José, y no te abandonará. No estás solo frente al pecado y la tentación. Recuerda, Jesús ya hizo posible la victoria para ti. Las tentaciones y las oportunidades de pecar siempre abundarán, pero puedes vencerlas, porque Jesús ya ganó y aseguró la victoria.

Josías

Un hombre que respondió a la Palabra de Dios

Luego que el rey oyó las palabras de la ley, rasgó sus vestidos.

2 Crónicas 34:19

Josías tuvo el notable mérito de ser el rey que dirigió el último gran avivamiento religioso en Judá. Josías tenía solo ocho años cuando se convirtió en rey. Desdichadamente, estaba destinado a seguir los pasos malvados tanto de su abuelo como de su padre, y continuó las costumbres perversas de estos dos hombres.

Sin embargo, a los dieciséis años, Josías experimentó un cambio impresionante: «Comenzó a buscar al Dios de David su padre» (2 Crónicas 34:3). Como resultado, Josías se esforzó por purgar de idolatría a la tierra. Mientras hacían reparaciones en el templo encontraron entre los escombros una copia de la ley, y Josías hizo que se la leyeran. ¡Su respuesta fue inmediata! «Luego que el rey oyó las palabras de la ley, rasgó sus vestidos» (v. 19) para expresar su profundo dolor y remordimiento. Josías quedó sorprendido cuando comprendió cuánto se había alejado la nación de las leyes de Dios.

Josías no experimentó un simple momento de remordimiento para luego permitir que su pasión muriera. No, de inmediato comenzó a tomar decisiones radicales sobre cómo cumplir con lo que Dios esperaba de él y del pueblo (2 Reyes 23).

Cuando oyes la Palabra de Dios predicada o cuando tú mismo lees las Escrituras, ¿te conmueves momentáneamente, solo para volver después a tus caminos y tus actitudes tibias? ¿Eres insensible a lo que escuchas o lees? ¡Dios te ha dado su Palabra para cambiar tu vida! En la Biblia, Dios nos da «todas las cosas que pertenecen a la vida y a la piedad... mediante el conocimiento de» Él (2 Pedro 1:3). Cuando se trate de la Palabra de Dios, no demores ni postergues. Josías te brinda la respuesta correcta. Decide hoy que con la ayuda de Dios escucharás, leerás, responderás y obedecerás completamente cuando Él te hable a través de su Palabra.

JOSUÉ

Un hombre que tuvo éxito

Entonces harás prosperar tu camino, y todo te saldrá bien.

Josué 1:8

Cuando Moisés murió, Josué se convirtió en el nuevo líder de la nación de Israel. Antes de morir, Moisés pasó la batuta de liderazgo a Josué. Esta debió ser una posición aterradora de asumir para Josué. Moisés, el gran líder que había sacado de Egipto a dos millones de personas, las había guiado por el desierto, y las había llevado a la frontera de una tierra nueva, ¡había decidido que Josué asumiera el mando!

Dios sabía que Josué tenía miedo, y dos veces en Josué 1 le dijo que se esforzara y fuera valiente (vv. 7, 9). Dios también le entregó a Josué una estrategia para triunfar. Ten en cuenta que la fórmula de Dios para el éxito va contra todo lo que el mundo sugeriría. Según Josué 1:8, para triunfar, Josué debía…

- estudiar constantemente la Palabra de Dios: «Nunca se apartará de tu boca este libro de la ley».
- reflexionar continuamente en la Palabra de Dios: «De día y de noche meditarás en» ella.

- aplicar la Palabra de Dios completamente: «Para que guardes y hagas conforme a todo lo que en [ella] está escrito».

Josué siguió el consejo de Dios, y Él le dio éxito al conquistar la tierra y dividirla entre las doce tribus. Josué prosperó en su vida personal y sirvió como buen ejemplo espiritual toda su vida.

Esta es la misma estrategia que puedes seguir para el éxito, no según las normas del mundo sino las de Dios. El éxito divino empieza con la Palabra de Dios: leerla, estudiarla, memorizarla, pensar en ella, amarla, saber que la necesitas y obedecerla. Si le eres fiel, Dios cumplirá su promesa: «Todo te saldrá bien», esta es la clase de éxito de Dios.

¿No es esta la definición suprema de éxito: vivir de acuerdo con la voluntad de Dios, de manera que lo complazcas a Él con todas tus acciones y actitudes?

JOSUÉ

Un hombre que llegó lejos

Por mi parte, mi casa y yo serviremos al Señor.

JOSUÉ 24:15, RVC

Josué (cuyo nombre significa «Jehová es salvación») se menciona por primera vez en Éxodo 17:9, donde Moisés le dio órdenes de organizar un ejército contra los temidos amalecitas. Josué fue siervo y asistente de Moisés durante cuarenta años. También fue uno de los doce espías que Moisés envió a la tierra prometida a recopilar información vital sobre la tierra y su gente. Solo Josué y Caleb dieron informes positivos. Por tanto, fueron a los únicos de su generación que se les permitió más tarde entrar a la tierra de Canaán debido a su confianza en que Dios les daría la victoria sobre los cananeos.

Después de la muerte de Moisés, Josué dirigió al pueblo de Israel en campañas militares en todo Canaán, conquistando finalmente toda la tierra y dividiéndola entre el pueblo. Josué se comprometió por completo a obedecer a Dios, y se dedicó a garantizar que el pueblo siguiera a Dios todos los días. Cuando la fidelidad del pueblo falló, Josué los retó a seguir su ejemplo, declarando: «Por mi parte, mi casa y yo serviremos al Señor» (Josué 24:15, RVC). Ninguna palabra negativa se registra en la Biblia sobre Josué, siervo tanto de Dios como de Moisés.

¿Cómo calificarían los demás tu fidelidad a tus líderes

terrenales y a tu Padre celestial? El compromiso no es una carrera de velocidad, ¡sino un maratón de toda la vida! Pídele a Dios que te conceda el deseo de cumplir tus compromisos con tu familia, tu iglesia, tu trabajo y especialmente con tu Señor.

Judá

Un hombre que tuvo un cambio de corazón

No será quitado el cetro de Judá, ni el legislador de entre sus pies.

Génesis 49:10

En sus primeros años, Judá era oportunista, egoísta, deshonesto e indiferente con los sufrimientos ajenos. Tenemos el primer contacto con la falta de carácter de Judá cuando insta a sus hermanos a vender al hermano menor, José, como esclavo en lugar de matarlo. Las acciones de Judá hacia José fueron menos que honorables. En su corazón intrigante pensó: *¿Por qué no ganar un poco de dinero con este hermano problemático y arrogante?* El carácter de Judá no mejoró durante mucho tiempo. Por ejemplo, le mintió a Tamar, su nuera, y no cumplió una promesa que le hizo, actuando hipócritamente en el proceso (Génesis 37—38).

Más tarde en su vida, vemos un Judá diferente. Cuando su hermano menor Benjamín fue arrestado y acusado falsamente de robo, Judá suplicó: «Que quede ahora tu siervo en lugar del joven por siervo de mi señor» (Génesis 44:33-34). El muchacho fue liberado, y Judá se convirtió en el líder de su tribu. Aunque no era el primogénito, «Judá llegó a ser el mayor sobre sus hermanos, y el príncipe de ellos» (1 Crónicas 5:2). Estas palabras fueron una profecía de la venida de David y, en última instancia, del Señor Jesucristo.

La transformación de Judá puede servir como recordatorio de la promesa en 2 Corintios 5:17: «Si alguno está en Cristo, nueva criatura es; las cosas viejas pasaron; he aquí todas son hechas nuevas». Si eres nueva criatura, ¿cómo va tu transformación? ¿Hay ámbitos de tu vida que estás ocultándole a Dios? De ser así, entrégaselos y pasa al siguiente nivel de desarrollo de carácter.

Lista de control del carácter

¿Cumples tus promesas?

¿Buscas motivos equivocados antes de actuar?

¿Tratas favorablemente con los miembros de tu familia?

¿Permites que el dinero influya en tus decisiones?

Un hombre que era mundano

Alzó Lot los ojos y vio todo el valle del Jordán, el cual estaba bien regado.

Génesis 13:10, lbla

Después de la muerte de su padre, Abraham tomó a su esposa Sara y su sobrino Lot, y siguió las instrucciones de Dios de ir a una tierra nueva: Canaán. Con el paso del tiempo, Dios bendijo a ambos hombres con tanta abundancia que sus rebaños y manadas crecieron al punto que la tierra no podía sustentar a los dos. Como resultado, Abraham llevó a su sobrino a una colina elevada y le pidió que eligiera entre el exuberante valle que había abajo o la región montañosa y rocosa. Lot vio lo que quería ver, el valle que «estaba bien regado», y tomó su decisión, y Abraham aceptó la región montañosa. Lot tomó su decisión basándose en lo que la Biblia describe como «los deseos de la carne, los deseos de los ojos, y la vanagloria de la vida», lo que «no proviene del Padre» sino del mundo (1 Juan 2:16).

A Lot no le molestó el hecho de haber acampado cerca de Sodoma y que «los hombres de Sodoma eran malos y pecadores contra Jehová en gran manera» (Génesis 13:13). No pareció preocuparle mucho las consecuencias que podrían venir con su decisión. Y no consultó con Dios. Lot solo vio vida a través de los ojos lujuriosos del mundo. ¿Cuál fue el resultado de su decisión? Lot perdió todo, incluso sus posesiones, su esposa y sus hijas, quienes estaban tan influenciadas por la sociedad corrupta que tomaron decisiones inmorales (Génesis 19).

No te dejes engañar al mirar la vida a través de los ojos del mundo. La Biblia advierte: «No améis al mundo, ni las cosas que están en el mundo. Si alguno ama al mundo, el amor del Padre no está en él» (1 Juan 2:15). Más bien, «poned la mira en las cosas de arriba, no en las de la tierra» (Colosenses 3:2). ¿Qué elegirás: el *mundo*, que es pasajero, o el *cielo*, que es eterno? No parece una decisión muy difícil, ¿verdad?

Un hombre que trabajó por el bien ajeno

Mardoqueo el judío fue... grande entre los judíos, y... procuró el bienestar de su pueblo.

ESTER 10:3

Mardoqueo fue un judío que vivió en Persia alrededor del año 540 a.C. Debió haber servido en una posición de prominencia porque pasaba su tiempo «sentado a la puerta del rey», un lugar donde se oían disputas y se emitían veredictos (Ester 2:21). En cierta ocasión, Mardoqueo se enteró de un complot para matar al rey. Transmitió esta información a su prima Ester, quien se había convertido en reina, y el intento de asesinato fue frustrado. Más tarde, cuando el malvado Amán fue descubierto y ejecutado por querer exterminar a los judíos en toda Persia, Mardoqueo se convirtió en primer ministro en lugar de Amán. La Biblia relata que Mardoqueo fue «grande entre los judíos, y estimado por la multitud de sus hermanos, porque procuró el bienestar de su pueblo y habló paz para todo su linaje» (Ester 10:3).

Este mismo elogio se le dio a Jesús mientras estuvo en la tierra: Él «anduvo haciendo bienes» (Hechos 10:38). Con todo el mal que nos rodea, ¿no sería loable que te conozcan como alguien que trabaja por el bien de los demás? El fruto del Espíritu incluye «bondad» (Gálatas 5:22-23).

Cuando eres obediente a Dios, y su Espíritu te controla, puedes ser una persona llena de bondad.

Para empezar:

- Emprende cada día con un deseo de influir positivamente en las vidas de las personas que Dios pone en tu sendero.
- Sigue el consejo de Pablo: «No nos cansemos... de hacer bien» (Gálatas 6:9).

¿Por qué no empezar hoy? Una llamada telefónica puede hacer mucho bien a alguien que sufre. Y enviar pasajes de la Biblia por mensaje de texto o correo electrónico puede levantar el espíritu de alguien que está desanimado. Al igual que Mardoqueo, usa tu posición, tus recursos y tu influencia a fin de obrar para el bien de otras personas.

MOISÉS

Un hombre que tuvo problemas con la ira

¡Oíd ahora, rebeldes! ¿Os hemos de hacer salir aguas de esta peña? Entonces alzó Moisés su mano y golpeó la peña con su vara dos veces.

NÚMEROS 20:10-11

Moisés fue escogido por Dios para sacar a los israelitas de la tierra de Egipto y llevarlos a la tierra prometida. Con la ayuda de su hermano Aarón, Moisés confrontó a Faraón, quien estaba oprimiendo a los hijos de Israel como esclavos. Dios endureció el corazón de Faraón y envió diez plagas sobre Egipto antes que el rey finalmente dejara ir al pueblo de Dios y que Moisés sacara triunfalmente de Egipto a los israelitas.

Cuando los israelitas se acercaban a la tierra prometida, no confiaron en Dios y tuvieron miedo del tamaño de la gente en la tierra. El Señor los castigó entonces y los condenó a vagar en el desierto durante cuarenta años.

Como ocurre con todos los hombres, Moisés estaba lejos de ser perfecto. Desdichadamente, fue durante esos momentos de «menos que perfecto» que su enojo sacó lo peor de él y su vida se alteró para siempre. Con furia mató a un egipcio que golpeaba a un esclavo israelita (Éxodo 2:12), y como resultado debió huir para salvarse. Más tarde, tras cuarenta años de lidiar con la discordia, las quejas y la desobediencia del pueblo, la ira de Moisés le nubló el juicio una vez más. En lugar de hablarle a la roca como Dios instruyó para que el pueblo tuviera agua, Moisés irritado golpeó la roca… dos veces. Su ira le costó el permiso de entrar a la tierra prometida.

La Biblia nos dice que es importante manejar adecuadamente nuestra ira y no permitir que persista de modo que Satanás la utilice para hacernos pecar (Efesios 4:26). Por desgracia, la mayor parte de nuestra ira no es justa, sino resultado de orgullo y egoísmo. No obtenemos lo que queremos, así que nos enojamos, y este arrebato se expresa en maneras dañinas y destructivas. La ira es una emoción rápida, fácil y explosiva que Satanás puede usar para destruir nuestro testimonio cristiano. La próxima vez que tu ira parezca estar sacando lo peor de ti, recuerda a Moisés y las consecuencias desastrosas de sus acciones.

MOISÉS

Un hombre que tenía excusas

¡Ay, Señor! nunca he sido hombre de fácil palabra... soy tardo en el habla y torpe de lengua.

Éxodo 4:10

El lugar de importancia de Moisés en la Biblia es evidente por los más de ochocientos versículos que lo mencionan. Sus primeros cuarenta años de vida los pasó en Egipto, donde recibió su nombre (que significa «sacado de las aguas») de parte de la hija de Faraón, quien lo sacó de una canasta que flotaba en las aguas del río Nilo. Dios protegió soberanamente a este hijo de una esclava hebrea, y Moisés recibió la más grande educación del mundo antiguo, en la corte del gran Faraón. Pero, a los cuarenta años, su vida cambió para siempre cuando mató a un egipcio por golpear a un esclavo israelita (Éxodo 2:12). Moisés huyó para salvar la vida y pasó los cuarenta años siguientes en el desierto como un humilde pastor.

A los ochenta años, Moisés, el pastor de ovejas, ofreció excusa tras excusa a Dios cuando Él lo llamó «para que [sacara] de Egipto a [su] pueblo» (Éxodo 3:10). Moisés pudo haber pensado: *Debe haber una equivocación*. Él no era el hombre adecuado para esta misión. Después de todo, solo era un hombre común y corriente, ¡un pastor! En respuesta, Moisés dio cinco razones de por qué no estaba calificado (Éxodo 3:11—4:13).

Querido hombre de Dios, el Señor tiene un propósito y también un plan para tu vida. Pero si al igual que Moisés te aferras a tus debilidades, dudas y excusas, no conocerás ni cumplirás la voluntad de Dios. ¿Qué te pide Él que puede estar fuera de tu zona cómoda? Sea lo que sea, debes saber que Dios no te pide nada sin darte los recursos para completar la tarea. Aférrate a este poderoso versículo por seguridad: «Todo lo puedo en Cristo que me fortalece» (Filipenses 4:13). Recuerda esto: tú no puedes, ¡pero Él sí!

NAAMÁN

Un hombre que dejó que el orgullo fuera un obstáculo

[Los] ríos de Damasco, ¿no son mejores que todas las aguas de Israel? Si me lavare en ellos, ¿no seré también limpio?

2 REYES 5:12

Naamán fue un gran líder militar con un gran problema: era «leproso» (2 Reyes 5:1). La lepra era un grave impedimento y una enfermedad terrible e incurable. En medio de su desesperación, Naamán escuchó de buena gana la sugerencia de una joven esclava israelita que le servía a su esposa. Según esta criada, Naamán debía recurrir al profeta Eliseo, quien podía ayudarle. Naamán esperaba que el profeta se impresionara con el hecho de que tan gran líder hubiera acudido a él. En cambio, al general se le dijo: «Ve y lávate siete veces en el Jordán, y... serás limpio» (v. 10).

Naamán había acudido a Eliseo buscando una cura para su lepra, pero en las condiciones del gran militar. Estuvo dispuesto a ir tan lejos como visitar al profeta, pero, cuando oyó lo que debía hacer, su orgullo lo detuvo y razonó: «[Los] ríos de Damasco, ¿no son mejores que todas las aguas de Israel? Si me lavare en ellos, ¿no seré también limpio?». Entonces Naamán «se volvió, y se fue enojado» (v. 12). El asunto no era el agua, sino la obediencia a las instrucciones de Dios. Afortunadamente, Naamán tenía siervos devotos que estuvieron dispuestos a señalarle su orgullo. Naamán recibió curación solo después de humillarse y lavarse en el Jordán. Entonces declaró: «No hay Dios en toda la tierra, sino en Israel» (v. 15).

El orgullo es una actitud engañosa que rara vez estamos dispuestos a reconocer y confesar. Se trata de un pecado de obstinación: a menudo es el último obstáculo entre nosotros y la voluntad de Dios. Quizás por eso es que Dios odia la altivez (Proverbios 6:17). Es un pecado al que toda persona sucumbe, y del que debemos cuidarnos. Al igual que Naamán, pon atención a aquellos que te animan y te ruegan que hagas lo correcto. Escucha el sabio consejo. No dejes que el orgullo se interponga en tus relaciones, especialmente con Dios. Confiesa tu orgullo y sé limpio de este horrible pecado.

Un hombre que oraba por todo

Cuando oí estas palabras me senté y lloré, e hice duelo por algunos días, y ayuné y oré delante del Dios de los cielos.

NEHEMÍAS 1:4

Cuando Nehemías se enteró de la condición del muro derrumbado alrededor de Jerusalén, no solo se sentó a llorar, no solo hizo «duelo por algunos días», sino que también ayunó y oró delante de Dios. Al igual que otros judíos devotos, Nehemías pasaba tiempo cada día mirando hacia Jerusalén mientras oraba a Dios. Al escuchar las noticias sobre Jerusalén, Nehemías oró reiterada y fervientemente por el pueblo y la ciudad.

¿Te apasiona la oración, orar por todo? ¿O son tus oraciones un tanto desequilibradas al pedir que las cosas salgan a tu manera? ¿Haces oraciones tipo «quiero…» y «dame…», en lugar de «ayúdame a…»? Definitivamente hay formas correctas y equivocadas de orar, y una de las equivocadas es pedir cosas por las razones erradas. Cuando oras, asegúrate de elevar tus motivos delante del Señor y pedirle que examine tu corazón.

La Biblia nos insta a orar con frecuencia y fervor, siempre, constantemente, sin cesar, en todo y por todo. Si eres nuevo en la oración, o quieres mejorar tu vida de oración, pon en práctica estos principios bíblicos:

- Cuando ores, comprende que estás hablando con Dios mismo.
- Cuando ores, examina la condición y los deseos de tu corazón. Reconoce voluntariamente cualquier motivo pecaminoso y modifícalo. Haz lo que debas hacer para que tus peticiones coincidan con lo que Dios dice que le agrada.
- Al orar por ti, por tus seres queridos y por los asuntos de la vida, asegúrate de orar también por las preocupaciones y necesidades de otras personas.

Dedícate a la oración, y cosecha las bendiciones de ver que la voluntad de Dios se hace tanto en ti como alrededor de ti.

NEHEMÍAS

Un hombre que contestó su propia oración

Cuando oí estas palabras me senté y lloré, e hice duelo por algunos días, y ayuné y oré delante del Dios de los cielos.

NEHEMÍAS 1:4

Nehemías era un copero de confianza del rey Artajerjes de Persia. Noventa años habían transcurrido desde que el primer grupo de judíos regresara del cautiverio a Jerusalén. A través de un mensajero, Nehemías recibió angustiantes noticias sobre el estado de los asuntos en Jerusalén: el pueblo de Dios luchaba para defenderse de las amenazas de vecinos hostiles porque el muro no se había reconstruido después de su destrucción.

No hace falta decir que Nehemías se sintió muy perturbado cuando se enteró que Jerusalén estaba en tan triste condición. Consciente de que la negligencia en reconstruir el muro era tanto un problema de pecado como de sobrevivencia, oró y ayunó durante los cinco meses siguientes. A medida que oraba se daba cuenta de que Dios lo había puesto en un lugar estratégico para emprender la tarea de ayudar a reconstruir el muro. Como el copero confiable del rey, tenía acceso al monarca y a los recursos para ayudar. Las oraciones de Nehemías le ayudaron a expandir sus horizontes y reconocer su propia utilidad. Llegó a comprender que podía desempeñar un papel en ayudar a responder sus propias oraciones.

Dios le comunicó una necesidad a Nehemías a través de un mensaje, que resultó en las oraciones de Nehemías y en que se convirtiera en parte de la respuesta a esas oraciones. Del mismo modo, Dios se comunica contigo mientras el Espíritu Santo habla a tu corazón cuando lees su Palabra. Entonces, al orar puedes comunicarle a Dios tus esperanzas, sueños y cargas. ¿Qué «Jerusalén» o problema hay en tu corazón? Permite que Dios expanda tu visión en cuanto a cómo puede levantarse tal carga. Tú puedes ser parte de la respuesta a tu propia oración. O puedes darte cuenta de que Dios está dirigiendo tus recursos y contribuciones hacia otros lugares. Sea como sea, la oración es siempre el punto de inicio para entender la voluntad de Dios para tu vida.

NEHEMÍAS

Un hombre que tenía un plan

Me dijo el rey: ¿Qué cosa pides?... Si le place al rey... envíame a Judá... y la reedificaré.

NEHEMÍAS 2:4-5

Nehemías era un hombre de oración. Y fue mientras oraba por las necesidades del pueblo en Jerusalén que comenzó a comprender su responsabilidad personal. Contestar las oraciones fue la parte de Dios, pero a Nehemías le correspondió planificar. Cuando lees sobre los preparativos de este varón (Nehemías 1:1—2:10), dos tipos de hombres vienen a la mente:

Los hombres tipo 1 no planifican. Creen que tienen planes, pero en realidad solo tienen ideas que no están dispuestos a poner en práctica. Deambulan por la vida, saltando de un pilar a otro. Normalmente quienes no planifican no prosperan, mientras que «los planes del diligente ciertamente tienden a la abundancia» (Proverbios 21:5, RVR1995). Y es un refrán muy antiguo que «el hombre que se prepara tiene media batalla ganada».

Si eres un hombre tipo 1, es hora de cambiar. Es tan sencillo como hacer una lista de cosas que debes hacer hoy, mañana, la próxima semana, el mes entrante y el próximo año. Si no planificas tu día, puedes estar seguro de que nada ocurrirá. Sé el amo de tu día y de tu vida, planificando y controlando tu plan diario.

Los hombres tipo 2 planifican. Para ellos, planificar es un estilo de vida. Estos hombres tienen listas, programaciones y objetivos. Y producen resultados. Dondequiera que ponen su enfoque y atención, se hacen las cosas; se avanza.

Es bueno ser un hombre tipo 2, pero también querrás asegurarte de que tu enfoque principal no esté en las cosas de este mundo, sino en las que son de valor eterno: cosas como una relación más íntima con Dios y la familia. Si eres un hombre tipo 2 (alguien que planifica), evalúa tu enfoque. Asegúrate de planificar tiempo con Dios, tiempo en adoración y mucho tiempo con tu familia. Esto es lo que realmente importa.

Un hombre que podía motivar a otros

Les declaré cómo la mano de mi Dios había sido buena sobre mí, y asimismo las palabras que el rey me había dicho. Y dijeron: Levantémonos y edifiquemos.

Nehemías 2:18

Nehemías era un líder sin seguidores. Tenía todos los atributos correctos y los recursos materiales, pero necesitaba ayuda. Reconstruir el muro alrededor de Jerusalén era un proyecto enorme que nadie había podido realizar durante noventa años. ¿Cómo iba Nehemías por fin a reconstruir el muro? ¡Tendría que motivar a otros para que ayudaran!

Para su mérito, Nehemías no llamó la atención a las dificultades del gigantesco proyecto ni al sacrificio que el pueblo enfrentaría durante la reconstrucción. Los obstáculos ya los habían inmovilizado por noventa años. En cambio, Nehemías dirigió la mirada de las personas hacia las oportunidades de oro del futuro. Señaló soluciones, no problemas. Manifestó: «Venid, y edifiquemos el muro de Jerusalén, y no estemos más en oprobio» (2:17). El pueblo respondió: «Levantémonos y edifiquemos» (v. 18), respondiendo a la oportunidad de ya no estar oprimidos por sus vecinos hostiles.

Motivar a otros empieza en tu propia vida. No puedes

encender el fuego en el corazón de otra persona a menos que se haya encendido fuego en el tuyo. Para motivar a otros, primero debes ponerte en marcha y comenzar a avanzar. Si quieres inculcar motivación intrínseca (interna) en otros, debes comenzar por avivar tu propio deseo interior para seguir adelante. Primero debes encender fuego en tu propio corazón.

No se crece si no se realizan cambios. Una vida fácil puede parecer atractiva, pero lenta y firmemente perderás tu motivación y musculatura. Tu potencial perderá su impulso y disminuirá. Para estimular y motivar a otros, primero debes estimularte y motivarte tú mismo. Un reto te hará crecer; pondrá a prueba tus habilidades y te transformará de individuo promedio de hoy al líder de mañana que puede motivar a otros a conseguir grandes objetivos.

NEHEMÍAS

Un hombre que poseía integridad

Acuérdate de mí para bien, Dios mío, y de todo lo que hice por este pueblo.

NEHEMÍAS 5:19

El hecho de que Nehemías fuera confiable como copero del rey nos da una idea de su excelente carácter. El líder más grandioso del mundo en ese tiempo, el rey Artajerjes de Persia, debió seleccionar un hombre que fuera sabio, discreto, sincero y sumamente leal como uno de sus asociados más cercanos. Además, si el rey era sabio, querría que intelectual y emocionalmente este hombre fuera maduro. La autobiografía que lleva el nombre de Nehemías confirma que verdaderamente se trataba de un hombre de carácter.

En Nehemías 5 presenciamos la integridad personal y la compasión de Nehemías, que sirvieron de modelo de comportamiento piadoso cuando enfrentó a los nobles y gobernantes que explotaban a los pobres en Jerusalén. Nehemías nunca exigió privilegios especiales ni tomó dinero de la gente. Al contrario, pagó sus gastos personales de su propio bolsillo. Miró a Dios como el juez definitivo y final de su integridad cuando concluyó su historia con estas palabras: «Acuérdate de mí para bien, Dios mío» (13:14).

El ejemplo de Nehemías te ofrece una imagen de cómo es la integridad, la cual…

- reforzará y protegerá tus convicciones morales;
- te dará una fuente de responsabilidad;
- te proporcionará un conjunto de normas;
- exigirá que tomes las decisiones más difíciles y valerosas; y como bonificación,
- atraerá a quienes te rodean hacia una norma moral más elevada.

Integridad significa hacer lo correcto, aunque nadie esté observando. Es por eso que debes permanecer cerca de Jesús mientras te guía en cada paso. Tu integridad se basa en hacer lo que es correcto: cada vez que tomas una decisión. Se requiere toda una vida para ganarse la confianza de las personas, y eso puede destruirse con una equivocación, un error de juicio o una mala decisión. Al mirar fielmente a Dios, orando y meditando en su Palabra, Él te guiará a través de las decisiones que debas tomar.

Noé

Un hombre que caminó con Dios

Noé halló gracia ante los ojos de Jehová.
Génesis 6:8

La Biblia informa que nueve generaciones después que Dios creó a Adán y Eva, la humanidad se volvió tan malvada que decidió destruirla (Génesis 6:13). Pero en medio del pecado desenfrenado, la violencia y la corrupción, un hombre llamado Noé se destacó brillantemente como la única persona piadosa en la faz de la tierra, porque «con Dios caminó Noé» (Génesis 6:9).

Dios salvó misericordiosamente a Noé y su familia de su plan de inundar la tierra. Le dijo a Noé que construyera un arca para protegerlo de la destrucción venidera. Noé hizo como Dios ordenó y, de acuerdo a las instrucciones, puso animales en el arca: de dos en dos, macho y hembra. El diluvio vino y destruyó toda criatura viva sobre la tierra. Después que el diluvio mermara y el arca reposara sobre el monte Ararat, a Noé y su familia se les permitió salir del arca. Dios puso un arco iris en el cielo como señal de su promesa de no volver a destruir la tierra con un diluvio.

Dios había salvado del juicio a Noé y su familia a causa de la piedad de este varón, demostrando su compasión por quienes le son fieles.

Hoy día, Dios sigue buscando hombres justos y obedientes, hombres con carácter piadoso. Cuando los encuentra, los usa en maneras poderosas y extraordinarias. Haz todos los cambios que debas hacer para asegurarte que caminas con Dios. A fin de ayudarte en tu crecimiento espiritual, lee y estudia las listas de cualidades piadosas que se encuentran en 1 Timoteo 3 y Tito 1. Por fe, haz lo que sea necesario para seguir fielmente a Dios. Noé fue una luz en un mundo en tinieblas; sigue su ejemplo y sirve como luz en tu mundo tenebroso. ¡Sé un Noé para tu generación!

Roboam

Un hombre que escuchó a personas equivocadas

Él dejó el consejo que los ancianos le habían dado, y pidió consejo de los jóvenes que se habían criado con él.

1 Reyes 12:8

El rey Salomón fue el hombre más sabio de la tierra; durante su vida, la nación de Israel experimentó paz y prosperidad sin igual, y era la envidia de sus naciones vecinas. Pero a fin de financiar esta utopía, el rey Salomón había aumentado los impuestos hasta el punto en que la mayoría de ciudadanos estaban cerca de la ruina económica. Para el momento de su muerte, el extravagante estilo de vida de Salomón casi había llevado a Israel a la bancarrota.

Como era tradición, las doce tribus de Israel se unieron para ungir al sucesor de Salomón, el cual debía ser Roboam. Sin embargo, lo que se suponía que sería una sencilla coronación se convirtió en una confrontación cuando las tribus del norte le pidieron a Roboam que disminuyera «algo de la dura servidumbre» (que redujera los impuestos) que su padre Salomón había requerido. Si simplemente Roboam hubiera hecho eso, las tribus del norte le habrían servido (1 Reyes 12:4).

Roboam escuchó al pueblo y luego buscó el consejo

de los ancianos que habían servido a su padre Salomón. Le aconsejaron que bajara la tasa impositiva. Pero el rey rechazó esa recomendación y, en cambio, aceptó el «consejo de los jóvenes que se habían criado con él», quienes le dijeron que aumentara aún más la carga impositiva. Esta decisión dio como resultado un reino dividido.

Al igual que Roboam, podrías buscar fácilmente consejo que afirme lo que quieres hacer. También puedes estar tentado a escuchar el consejo de un ser amado o un mejor amigo que quiera ayudarte apoyando cualquier acción que deseas. Pero primero deberías esperar, escudriñar las Escrituras y orar. Entonces estarás listo para evaluar el consejo que recibes con un marco de referencia mucho mejor. Es más probable que tu decisión se base en sabiduría y no en emoción. Luego podrás avanzar porque habrás seguido el consejo de Proverbios 16:3: «Encomienda a Jehová tus obras, y tus pensamientos serán afirmados».

Samuel

Un hombre que fue fiel

Lejos sea de mí que peque yo contra Jehová cesando de rogar por vosotros; antes os instruiré en el camino bueno y recto.

1 Samuel 12:23

La piedad y el compromiso de Samuel se nutrieron incluso antes de su nacimiento cuando su piadosa madre Ana dedicó al Señor a su futuro hijo. La pasión de Ana por Dios fue transmitida a Samuel durante sus primeros tres a cinco años de infancia antes que fuera dejado en el tabernáculo para servir a Dios. Desde su temprana juventud, la devoción de Samuel a Dios y su preocupación por el pueblo lo establecieron como un auténtico portavoz del Señor.

A lo largo de su vida, Samuel permaneció totalmente comprometido con Dios. Se convirtió en el más grande juez de Israel, y también actuó como sacerdote y profeta. En todo lo que hizo, Samuel se mostró como un hombre fiel. Tuvo una marcada influencia en su pueblo cuando hizo la transición a una nueva forma de gobierno. Samuel fue fiel…

- al sacerdote Elí, su maestro
- a Dios como juez y profeta

- al pueblo como mayordomo de la verdad de Dios
- a orar por el pueblo

La fidelidad es una característica perdida para muchas personas de hoy. Los compromisos se rompen fácilmente. Se descuidan las responsabilidades, y los votos matrimoniales tienen poco o ningún significado. Sin embargo, como cristiano, la fidelidad debería ser el centro de tu carácter. Después de todo, parte del fruto del Espíritu es la «fidelidad», que caracteriza la presencia de Dios en tu vida (Gálatas 5:22). Jesús mostró la seriedad de ser fiel en su parábola de los talentos, donde pronunció la declaración final de alabanza: «Bien, buen siervo y fiel; sobre poco has sido fiel, sobre mucho te pondré; entra en el gozo de tu señor» (Mateo 25:23).

Ora para seguir los pasos de Samuel y ser contado como uno que fue «hallado fiel» (1 Corintios 4:1-2).

SANSÓN

Un hombre que vivió al límite

Señor Jehová, acuérdate ahora de mí, y fortaléceme, te ruego, solamente esta vez, oh Dios.

JUECES 16:28

Sansón fue uno de los jueces más famosos que Dios designó para proteger a Israel de las naciones enemigas. Dios prometió a una pareja estéril, Manoa y su esposa, que tendrían un hijo cuya vida estaría apartada para uso del Señor. Desdichadamente, al crecer Sansón usó sus habilidades principalmente para sus propósitos egoístas. Con todo, Dios lo utilizó para salvar a Israel de los filisteos. El último acto de servicio de Sansón fue pedir fuerzas a Dios para derribar las columnas de un templo filisteo. Dios respondió, y Sansón pudo empujar las columnas con todas sus fuerzas para que el templo se derrumbara, matándose y matando a tres mil filisteos.

Sansón sirvió como juez de Israel durante veinte años. Fue esclavo de sus pasiones y su orgullo. Por grandes que fueran sus dones, más grandes fueron sus defectos y el mal uso de ellos. Sansón eligió ver cuán cerca podía llegar al límite de la obediencia participando en amoríos comprometedores y relacionándose con personas y actividades cuestionables. Aunque era increíblemente fuerte, no vivió a la altura de su potencial debido a sus actividades egoístas.

Tú también tienes gran potencial y acceso al extraordinario poder espiritual del Señor. Elige vivir a ese potencial. En lugar de ver cuán cerca puedes vivir al límite de la obediencia tomando decisiones cuestionables o asociándote con aquellos que tal vez te bajen a su nivel de conducta pecadora, mira cuán cerca puedes estar de las normas divinas como se revela en la Biblia. Deja que estas palabras de las Escrituras sean tu salvaguarda: «En mi corazón he guardado tus dichos, para no pecar contra ti» (Salmos 119:11). Tu vida tiene potencial que no estás utilizando. Permite que el Alfarero celestial te modele para su uso.

SALOMÓN

Un hombre que se volvió insensato

El rey Salomón amó... a muchas mujeres extranjeras... de las cuales Jehová había dicho a los hijos de Israel:... harán inclinar vuestros corazones tras sus dioses.

1 REYES 11:1-2

Salomón nació con privilegios increíbles: su padre era el rey, y él era el heredero al trono. Además, le fueron concedidos varios encuentros con Dios a través de sueños. Salomón tomó una buena decisión al principio de su reinado al pedirle a Dios sabiduría para gobernar, en lugar de riqueza y larga vida. ¡Dios se agradó con la petición de Salomón y le otorgó tanto sabiduría como riqueza!

Sin embargo, a diferencia de su padre David, Salomón no se mantuvo comprometido con el Señor a lo largo de su vida. Las esposas extranjeras de Salomón hicieron lo que la Biblia advirtió: volvieron el corazón del rey hacia otros dioses. Aunque Salomón era sabio, se volvió insensato a través de estas relaciones y matrimonios prohibidos. Después de la muerte de Salomón, su reino se dividió en dos naciones: los reinos del norte y del sur. La vida del rey comenzó con gran promesa, pero terminó con trágicas consecuencias.

Salomón pudo haber sido sumamente sabio, pero eso no le impidió tomar decisiones absurdas que lo llevaron a serle infiel a Dios. Políticamente pudo haber sido correcto forjar alianzas con las naciones paganas vecinas por medio de matrimonios, pero esto resultó en suicidio espiritual. Finalmente, la decisión de Salomón de tener esposas extranjeras lo alejó de Dios. La Biblia declara: «El principio de la sabiduría es el temor de Jehová; los insensatos desprecian la sabiduría y la enseñanza» (Proverbios 1:7). Con cada esposa, Salomón se alejó más y más de Dios, despreciando la misma sabiduría que Él le había otorgado.

Elegir amistades y relaciones correctas es importante para crecer y madurar en la vida cristiana. La Biblia tiene razón cuando dice que asociarse con personas malvadas corrompe el buen carácter (1 Corintios 15:33, NTV). No hagas como hizo Salomón ni cultives relaciones basándote en conveniencia o pasión. Elige amistades que te estimulen a mayor crecimiento espiritual, que te inciten y animen en tu vida cristiana. Pide a Dios que te dirija a estas personas que te ayudarán a estar cerca de Él.

SAÚL

Un hombre que hizo las cosas a su manera

Obedecer es mejor que los sacrificios.

1 Samuel 15:22

Dios usó profetas para hablar por Él y guiar al pueblo de Israel. Pero, con el tiempo, el pueblo quiso un rey humano a fin de parecerse más a las naciones de alrededor. Esto no le agradó al profeta Samuel, porque la solicitud del pueblo de un rey humano significaba rechazar a Dios, el divino Rey de Israel.

El hombre que Dios eligió como el primer rey sobre su pueblo fue Saúl, el hijo de Cis, de la tribu de Benjamín. Saúl era exactamente lo que el pueblo quería: un hombre físicamente imponente que sobresalía de los demás. Después de su coronación, Saúl obtuvo tempranas victorias militares que le ayudaron a solidificar su apoyo entre el pueblo. Pero muy pronto, el rey comenzó a colapsar bajo la presión del liderazgo. Esta anomalía resultó de su incapacidad de confiar en Dios y de falta de voluntad para obedecerle. En última instancia, Saúl simplemente no haría lo que Dios le había ordenado, por lo que Dios lo rechazó como rey, pero Saúl siguió gobernando durante un total de cuarenta años.

Saúl sirve como una triste y aterradora ilustración de las consecuencias de no arrepentirse del pecado y de no vivir según las normas de Dios. No estuvo dispuesto a hacer las cosas a la manera divina. Siempre tuvo «una idea mejor» y, cuando fue confrontado, siempre tuvo excusas para sus malas acciones.

Dios no quiere que inventemos nuestras propias maneras innovadoras de obedecerle. Ni quiere excusas, justificaciones o muestras superficiales de arrepentimiento. Así le dijo Samuel a Saúl: «Entiende que obedecer al Señor es mejor que ofrecerle sacrificios, y que escucharlo con atención es mejor que ofrecerle la grasa de los carneros. Ser rebelde es lo mismo que practicar la adivinación, y ser obstinado es lo mismo que ser idólatra» (1 Samuel 15:22-23, RVC). ¿Hay algún aspecto de tu vida en que no te sometes al gobierno de Dios? Él quiere tu obediencia *total*, sin excusas.

URÍAS

Un hombre que fue honorable

Los siervos de mi señor [están] en el campo; ¿y había yo de entrar en mi casa para comer y beber?... no haré tal cosa.

2 SAMUEL 11:11

Urías era un soldado del ejército israelita. Es más, se le incluyó en 2 Samuel 23:8 como uno «de los valientes que tuvo David», uno de los treinta y siete guerreros más valientes y más destacados en el ejército de David. Urías sería el equivalente en nuestra época moderna de un comando del ejército, un miembro de la fuerza de asalto de la Marina, o alguien del grupo especial en las fuerzas de combate. Estaba entre los mejores de los mejores, y sabía dónde se suponía que debía estar: peleando por el rey David en primera línea contra los amonitas.

Como rey, David debió haber estado en ese mismo campo de batalla, pero había decidido quedarse en Jerusalén. Un día en que salió a caminar, en una terraza de su palacio vio a la esposa de Urías bañándose. Preguntó quién era ella y se enteró que estaba casada con Urías, uno de sus hombres más confiables. Pero, en su lujuria, David durmió con Betsabé, quien quedó embarazada.

David creyó que podía encubrir su desliz con Betsabé sacando a Urías de la batalla para que pasara algún tiempo en casa con su esposa. Pero Urías no creyó correcto estar con Betsabé mientras sus hombres luchaban con el enemigo. Debido a la integridad de Urías, David decidió matarlo. Hizo que lo pusieran al frente de la batalla y que después el ejército se retirara, dejando que muriera a manos del enemigo. El honor de Urías le costó la vida, pero también lo consagró en el libro de registro de Dios como un hombre que no incumplía sus obligaciones.

Tolera algo, y caerás por cualquier cosa. El honor, la integridad y el compromiso deben estar en el mismo centro de tu ser. Abre tu corazón a Dios y permítele moldearte y llenarte con su Palabra y sus principios. Pídele a Dios que guarde y guíe todos tus pensamientos y decisiones, para que seas un hombre que cumpla sus normas, un hombre conforme al corazón del Señor.

Un hombre cuya vida terminó mal

Cuando [Uzías] ya era fuerte, su corazón se enalteció para su ruina; porque se rebeló contra Jehová su Dios.

2 Crónicas 26:16

Uzías tenía dieciséis años cuando se convirtió en rey de Judá, y gobernó durante cincuenta y dos años. Se le describe como un rey que «hizo lo recto ante los ojos de Jehová». Al principio de su reinado, Uzías buscó al Señor y tuvo éxito en sus campañas militares. También fue conocido por el desarrollo de armamento y la supervisión de muchos proyectos de construcción. Durante los años en que buscó al Señor, él y la nación de Judá prosperaron.

Al final de su vida, Uzías se volvió orgulloso de lo que había logrado. Olvidándose que Dios era la fuente de su éxito, el rey decidió que ya no necesitaba un intermediario entre él y Dios, y descaradamente entró al templo e intentó quemar incienso delante del Señor. Por este acto de desobediencia, Dios lo golpeó con lepra.

Otro rey, Nabucodonosor de Babilonia, también sucumbió al orgullo, alardeando: «¿No es ésta la gran Babilonia que yo edifiqué para casa real con la fuerza de mi poder, y para gloria de mi majestad?» (Daniel 4:30). Al igual que Uzías, Nabucodonosor fue juzgado por su orgullo y espíritu arrogante.

La arrogancia de Uzías debería ser un recordatorio para todas las personas acerca del peligro de volverse orgulloso. El ejemplo que dio también señala el hecho de que una vida de sabia existencia puede verse afectada simplemente por un momento de conducta insensata. La vida cristiana no es una carrera de velocidad, es un maratón. Pídele a Dios gracia y sabiduría para terminar la carrera con humildad y obediencia. Imprime este versículo en tu corazón y mente para que te ayuden a concluir victoriosamente la carrera cristiana: «Mirad, pues, con diligencia cómo andéis, no como necios sino como sabios, aprovechando bien el tiempo, porque los días son malos. Por tanto, no seáis insensatos, sino entendidos de cuál sea la voluntad del Señor» (Efesios 5:15-17).

SEGUNDA PARTE

HOMBRES DEL NUEVO TESTAMENTO

ANDRÉS

Un hombre que presentó a otros a Jesús

[Andrés] halló primero a su hermano Simón, y le dijo: Hemos hallado al Mesías.

JUAN 1:41

Andrés, como discípulo de Juan el Bautista, fue guiado por este a Jesús como «el Cordero de Dios» (Juan 1:36). Andrés llevó entonces su hermano Simón a Jesús, diciéndole: «Hemos hallado al Mesías» (v. 41). Andrés y su hermano Simón regresaron a su negocio de pesca hasta que Juan el Bautista fue encarcelado. Después de eso, los dos hermanos pasaron a formar parte de los doce discípulos.

Durante una de las giras de predicación de Jesús, una multitud compuesta de más de cinco mil hombres necesitaba comida (Juan 6:10). Andrés llevó un niño ante Jesús, diciendo: «Aquí está un muchacho, que tiene cinco panes de cebada y dos pececillos; mas ¿qué es esto para tantos?» (v. 9). Entonces Jesús multiplicó milagrosamente los panes y los peces, y alimentó a toda la gente, y aún sobraron varias canastas de comida.

Andrés era diligente en presentar personas a Jesús; en Juan 12:22 leemos de un grupo de griegos que llevó ante Jesús. Después que el Señor subió al cielo, Andrés estaba entre los que siguieron enseñando en Jerusalén. Según la tradición, Andrés siguió llevando personas a Jesús por toda Asia Menor y Grecia hasta que fue martirizado.

Hablar del evangelio es algo aterrador para la mayoría de hombres. No están seguros de cómo hablar de Jesús y el cristianismo, así que no dicen nada. Andrés es un buen ejemplo para nosotros; en particular simplemente llevaba personas a Jesús, y dejaba que Jesús hiciera el resto.

Como creyente, sigue el ejemplo de Andrés y presenta personas a Jesús. Los hombres con los que te relacionas a diario tienen necesidades que solo Jesús puede satisfacer. Habla de cómo Jesús cambió tu vida. Deja que tus amigos espiritualmente hambrientos sepan de Jesús, quien es «el pan de vida» (Juan 6:35).

Apolos

Un hombre que estuvo dispuesto a aprender

Un judío llamado Apolos... [era] varón elocuente, poderoso en las Escrituras.

Hechos 18:24

El apóstol Pablo fue un judío que viajó por el mundo romano enseñando las buenas nuevas de Jesucristo. En cada ciudad que visitaba, hablaba a sus compatriotas judíos en las sinagogas. Cuando rechazaban su mensaje, Pablo predicaba entonces el evangelio a los gentiles de la región. También había ministros gentiles en el mundo romano que predicaban en iglesias establecidas formadas por judíos y gentiles. Apolos fue uno de estos gentiles, «varón elocuente, poderoso en las Escrituras».

Apolos era conocedor del Antiguo Testamento y un gran orador. Como resultado, podía refutar a los judíos en sus sinagogas. El único problema con el mensaje de Apolos fue que era incompleto: «Solamente conocía el bautismo de Juan» (Hechos 18:25). Sabía de Jesús como el Mesías, pero no entendía el significado de la muerte y resurrección expiatorias de Cristo o el ministerio del Espíritu Santo.

Hoy día muchos hombres se contentan con su nivel actual de conocimiento. Están satisfechos con la situación y creen que no necesitan más información. A diferencia de estos hombres, Apolos no estaba contento. Cuando

Aquila y Priscila, fabricantes de tiendas de campaña y compañeros del apóstol Pablo, oyeron hablar a Apolos y notaron su conocimiento incompleto, «le tomaron aparte y le expusieron más exactamente el camino de Dios» (v. 26). Sorprendentemente, el brillante Apolos escuchó a estos fabricantes de tiendas y aprendió de ellos.

Apolos estuvo dispuesto a aprender. ¿Y tú? ¿Tienes un espíritu de aprendiz? ¿Eres un hombre que sigue aprendiendo y creciendo, ya sea para tu trabajo o para tu crecimiento y madurez espiritual? Una de las mejores maneras de seguir aprendiendo es ser lector, empezando con tu Biblia. También querrás leer libros cristianos que te ayudarán con tu vida personal y tu papel como esposo, padre, líder y testigo de Cristo para el mundo. Dios puede usar a un hombre que es un aprendiz.

AQUILA

Un hombre que fue jugador de equipo

Saludad a Priscila y a Aquila, mis colaboradores en Cristo Jesús, que expusieron su vida por mí; a los cuales no sólo yo doy gracias, sino también todas las iglesias de los gentiles.

ROMANOS 16:3-4

A menudo, el matrimonio se describe como un deporte de equipo porque se necesitan dos personas para que se produzca. Uno de los mejores ejemplos de esto es Aquila y su esposa Priscila. Sus nombres siempre se mencionan juntos en las páginas del Nuevo Testamento, y representan una fuerza formidable en cuanto al ministerio.

Aquila era originario del Ponto, una región del Mar Muerto. Finalmente, él y Priscila se conocieron en la ciudad griega de Corinto. Mientras estaban allí comenzaron a trabajar con el apóstol Pablo. ¿Qué podemos aprender de Aquila?

- Tenía un oficio. Como judío, a Aquila le habían enseñado a hacer tiendas. Trabajaba duro y proveía para su esposa.
- Era hospitalario. Después que Pablo conoció a Aquila y Priscila, Aquila lo invitó a vivir con ellos. Esta hospitalidad duró más de un año mientras estuvieron en Corinto.

- Era buen estudiante. Desde el momento en el que conoció a Pablo se convirtió en un ávido estudiante de la Palabra de Dios. A medida que Aquila crecía en conocimiento, se volvió más útil en el ministerio, hasta el punto de dar más instrucción al evangelista Apolos (Hechos 18:26).
- Estaba disponible. Cuando Pablo decidió ir a Éfeso (v. 18), Aquila y Priscila empacaron y fueron con él. Más tarde, cuando fue necesario, Aquila y su esposa se mudaron a Roma, donde iniciaron una iglesia.
- Jugaba en equipo. Trabajó bien con Pablo en el ministerio, y no se sintió amenazado por los dones y las capacidades de su esposa Priscila. La vio como complemento, y juntos tuvieron un increíble ministerio en equipo.

Para seguir el ejemplo de Aquila debes:

ser diligente en tu trabajo,

estar disponible para ayudar en el ministerio,

ser buen estudiante,

jugar en equipo en el ministerio, especialmente con tu esposa, y

ser de ánimo para tu esposa, sin sentirte amenazado por sus dones para el ministerio.

BERNABÉ

Un hombre que alentaba a otros

José, a quien los apóstoles pusieron por sobrenombre Bernabé (que traducido es, Hijo de consolación)... trajo el precio y lo puso a los pies de los apóstoles.

HECHOS 4:36-37

¿Tuviste un apodo de niño? ¿O tienes uno ahora como adulto? Sea como sea, es probable que tu apodo se relacione con alguna característica tuya, ¿verdad? Bueno, José debió haber tenido un ministerio significativo para los miembros de la iglesia primitiva, porque los apóstoles observaron sus acciones y le pusieron por nombre *Bernabé*, que significa «Hijo de consolación».

Conocimos primero a Bernabé cuando animó a los miembros de la iglesia en Jerusalén al vender su tierra y entregar el dinero para suplir las necesidades que tenían. Después lo vimos intercediendo a favor de Saulo después que este se declaró cristiano (Hechos 9:26-27). Más tarde, Bernabé viajó a una iglesia recién plantada en Antioquía «y exhortó a todos a que con propósito de corazón permaneciesen fieles al Señor» (11:23). Luego Bernabé buscó un maestro más preparado que él para ayudar a madurar a la iglesia de Antioquía, viajando a Tarso para encontrar a Pablo y trayéndolo de vuelta (11:25-26).

Se ha dicho: «Cualquier tonto puede decirte diez cosas

que estás haciendo mal». Sin embargo, en Bernabé encontramos una persona poco común que buscaba maneras de levantar y fortalecer a otros. Según Proverbios 25:11, «las palabras en el momento oportuno son como manzanas de oro incrustadas en plata» (DHH).

En la vida diaria tendemos a centrarnos en nosotros. Pero, cuando miramos a nuestro alrededor, podemos descubrir rápidamente que hay muchas personas que podrían usar el estímulo. Decide ser solidario y constructivo con tus palabras y acciones, empezando en tu propia casa. Tu familia necesita «palabras en el momento oportuno». Luego sal y bendice a otros. El ánimo ofrecido en el momento oportuno puede significar la diferencia entre alguien que termina bien o que se derrumba en el camino. Al igual que Bernabé, serás una bendición para aquellos a quienes animas.

Cornelio

Un hombre que era diferente

Había... un hombre llamado Cornelio, centurión... piadoso y temeroso de Dios.

Hechos 10:1-2

Ahora tenemos la alegría y el privilegio de conocer a un militar que era devoto seguidor de Dios. Debió haber sobresalido como un hombre piadoso porque el libro de Hechos lo menciona como ejemplo para todos los hombres. ¡Conoce a Cornelio!

Este no era un soldado cualquiera; era uno de los sesenta oficiales en una legión de seis mil hombres. Era un líder que comandaba a cien soldados. Cornelio era diferente porque había abandonado la religión pagana de su nación y adoraba al Dios verdadero de los judíos. Era «temeroso de Dios» y había llevado a toda su familia a hacer lo mismo: temer y reverenciar al Dios de Israel. Sin embargo, aún no se había llevado a cabo la extensión del celo religioso de Cornelio. Cuando el apóstol Pedro llegó a su casa y presentó el mensaje del evangelio de Jesucristo, Dios abrió el corazón del oficial para responder, y Cornelio con todos en su casa se convirtieron al cristianismo.

Sin duda alguna, debido a su elevada posición en los círculos romanos, Cornelio enfrentaba enorme presión para que participara en las actividades de la cultura pagana. Hoy día vivimos en un mundo similar que constantemente intenta conformarnos a su imagen. La sociedad secular no quiere que seas diferente. ¿Cómo puedes evitar que la presión del mundo te haga ceder? La Biblia ofrece esta solución: «No os conforméis a este siglo, sino transformaos por medio de la renovación de vuestro entendimiento» (Romanos 12:2). Para ser diferente debes buscar constantemente la fortaleza que la Palabra de Dios puede darte a fin de estar firme cada día. Con la ayuda del Espíritu no serás conformado al pensamiento del mundo, sino que tu corazón y mente te llevarán a ser como Cornelio, un hombre «piadoso y temeroso de Dios», ¡un hombre diferente!

Diótrefes

Un hombre que se creía importante

Yo he escrito a la iglesia; pero Diótrefes, al cual le gusta tener el primer lugar entre ellos, no nos recibe.

3 Juan 9

Cincuenta años después de la resurrección y ascensión de Jesús, a excepción de Juan, todos los apóstoles habían muerto. Incluso a su avanzada edad, Juan participaba activamente en supervisar las iglesias de Asia Menor. En esa época, los líderes de la iglesia viajaban de ciudad en ciudad para ayudar a establecer nuevas congregaciones y fortalecer a las existentes. En una carta que Juan escribió a una iglesia, elogió a dos hombres y condenó el ministerio egoísta de un tercero: Diótrefes.

Este individuo era culpable de acusar injustamente al apóstol Juan de declaraciones falsas y malvadas. En su orgullo, Diótrefes rechazó a los líderes itinerantes de la iglesia, y expulsaba de la congregación a quienes intentaban recibirlos y aceptarlos (3 Juan 10).

Orgullo, celos, calumnia y ambición son cualidades comunes en el mundo secular, donde muchas personas harán lo que sea necesario para desquitarse o aventajarse. Pero humildad, no orgullo, debe ser la actitud prevaleciente en quienes están en la iglesia.

La arrogancia, que en realidad es orgullo, puede

infiltrarse fácilmente en tu corazón y mente si no tienes cuidado. El orgullo puede cegarte a tus propias faltas y magnificar las de otros. Debido a que es tan engañoso, el orgullo por lo general es uno de los últimos pecados que confesamos. Para defenderte del orgullo sigue el ejemplo de Jesús, quien «se humilló a sí mismo, haciéndose obediente hasta la muerte» (Filipenses 2:8). Haz la oración que se halla en Lucas 18:13: «¡Oh Dios, ten compasión de mí, que soy pecador!» (NVI). Pídele a Dios que te ayude a buscar el orgullo en tu corazón para que no hagas lo que hizo Diótrefes, quien deseaba y amaba la preeminencia entre las demás personas.

EPAFRODITO

Un hombre que recibió honra

Recibidle, pues, en el Señor, con todo gozo, y tened en estima a los que son como él.

FILIPENSES 2:29

Epafrodito era un gentil que se crio en un hogar pagano, donde recibió un nombre que significaba «perteneciente a Afrodita» o «Venus». Cuando el apóstol Pablo llegó a Filipos y descubrió que no había sinagoga judía, fue al lugar donde oraban «los que temían a Dios». Allí encontró un grupo de mujeres que estuvieron dispuestas a escuchar el mensaje de Jesús y se convirtieron en creyentes. Este fue el inicio de la iglesia en Filipos.

Unos diez años después, cuando en la iglesia de Filipos se enteraron del encarcelamiento de Pablo en Roma, enviaron a Epafrodito con regalos para ayudar al apóstol. Tras llegar a Roma, Epafrodito enfermó y casi muere. Llegó a oídos de Filipos la enfermedad de Epafrodito, quien se angustió porque creyó que había fallado en su misión. Entonces Pablo escribió una carta a la iglesia en Filipos, asegurándoles que la misión de Epafrodito no había fracasado. Más bien había ocurrido lo contrario. Un Epafrodito sano regresó entonces a casa, llevando con él la epístola a los Filipenses. En la carta, Epafrodito recibió grandes elogios de Pablo como «mi hermano y colaborador y compañero de milicia» (Filipenses 2:25).

¿Cómo evaluarías tu motivación en el trabajo o la iglesia? ¿Buscas elogio, afirmación y honra de los demás? Como hombre de Cristo, tus esfuerzos deberían tener las motivaciones más altas: «Si, pues, coméis o bebéis, o hacéis otra cosa, hacedlo todo para la gloria de Dios» (1 Corintios 10:31). Tu misión es servir y agradar humildemente a Dios, no buscar honra de los hombres.

Al igual que Epafrodito, sirve fielmente a otros para la gloria de Dios. Y, cuando tu tiempo en la tierra haya terminado, podrás estar delante del Señor y recibir el más grande honor de todos, que es oírle decir: «Bien, buen siervo y fiel; sobre poco has sido fiel, sobre mucho te pondré; entra en el gozo de tu señor» (Mateo 25:21).

Un hombre que estaba lleno del Espíritu Santo

Esteban, lleno del Espíritu Santo, puestos los ojos en el cielo, vio la gloria de Dios.

HECHOS 7:55

Ser primero en alguna cosa es generalmente algo bueno, como ser la primera persona en ir al espacio o en superar un récord deportivo. Sin embargo, para Esteban ser «el primero» significó ser el primer mártir en la larga línea de la Iglesia de personas que murieron por su fe.

Debido a que Esteban tenía «buen testimonio» y estaba lleno «del Espíritu Santo y de sabiduría», fue uno de los siete hombres elegidos para supervisar la distribución de comida para las viudas en la iglesia de Jerusalén (Hechos 6:3). El libro de Hechos describe a Esteban como un hombre lleno de la gracia y el poder de Dios, y de fe.

Lo que eres, tu carácter piadoso, es más importante para Dios que lo que haces por Él o por alguien más. Dios quiere tu obediencia más que tu servicio. Eso es lo que el profeta Samuel le dijo al rey Saúl después que este desobedeciera a Dios. Samuel declaró: «Ciertamente el obedecer es mejor que los sacrificios» (1 Samuel 15:22).

Antes de ocuparte en el servicio al Señor, asegúrate de estar totalmente rendido a Él. Entonces, tu servicio será potenciado por Dios. Cuando Esteban comenzó su discurso, antes de ser ejecutado por lapidación, los dirigentes religiosos judíos «vieron su rostro como el rostro de un ángel» (Hechos 6:15). Al igual que Esteban, a medida que te rindas a la guía divina, estarás tranquilo, sereno y reflejando la presencia de Dios. Serás un testimonio gráfico del poder del Señor que transforma vidas en un mundo incrédulo.

Serás un buen testimonio. Lleno del Espíritu Santo. Lleno de sabiduría. La Palabra de Dios te instruirá en estas cualidades espirituales y las edificará en tu alma mientras caminas en amor y obediencia a tu Señor y Salvador.

FELIPE

Un hombre que sirvió mesas

Buscad, pues, hermanos, de entre vosotros a siete varones de buen testimonio, llenos del Espíritu Santo y de sabiduría.

HECHOS 6:3

La iglesia en Jerusalén tenía un problema, ¡y grande! «El número de seguidores de Jesús aumentaba más y más» (Hechos 6:1, PDT). Eruditos calculan que la cantidad de hombres y mujeres en la iglesia en este tiempo podría haber sido de veinte mil. Algunos eran judíos de habla griega que habían venido a Jerusalén para las fiestas y que después perecieron, dejando atrás viudas que no tenían allí familia ni medios de apoyo. Felipe fue uno de los siete hombres seleccionados para cuidar de estas viudas indigentes. La responsabilidad de estos siete hombres era «servir a las mesas» (v. 2).

Aunque la tarea asignada a Felipe era física en naturaleza, él fue escogido por sus cualidades espirituales: estaba lleno «del Espíritu Santo y de sabiduría» (v. 3). Más tarde estalló la persecución, y Felipe y muchos otros fueron obligados a huir. Felipe fue a la región de Samaria, donde con entusiasmo predicó el evangelio. Por su predicación empezó un avivamiento, y muchos samaritanos se convirtieron. Entonces Dios llevó a Felipe a encontrarse con un funcionario etíope y explicarle el evangelio. El funcionario, quien regresaba a su tierra natal después de visitar Jerusalén, también se convirtió en creyente.

La clave del viaje de fe y servicio de Felipe fue su disposición de obedecer a Dios. Felipe servía de buena gana en cualquier nivel y tarea, desde ser un siervo que atendía a las viudas hasta predicar a los despreciados samaritanos y dejar un ministerio próspero y fructífero en Samaria para ir al desierto a hablar con un hombre.

Efesios 2:10 dice que fuimos «creados en Cristo Jesús para buenas obras, las cuales Dios preparó de antemano para que anduviésemos en ellas». Al igual que tu salvación, Dios ordenó antes del inicio del tiempo que las «buenas obras» fueran parte de tu vida. Como Felipe, empieza por ser siervo, estando dispuesto a «servir a las mesas» y ayudar a aquellos en necesidad en tu iglesia. Servir a otros te ayudará a crecer en tu fe y permitirá que tus dones espirituales florezcan. ¿Quién sabe a dónde podría llevarte Dios?

FILEMÓN

Un hombre a quien se le pidió perdonar

Te he escrito confiando en tu obediencia, sabiendo que harás aun más de lo que te digo.

FILEMÓN 21

Filemón era un miembro rico de la iglesia en Colosas, una ciudad como a ciento sesenta kilómetros de Éfeso, y es probable que se hubiera vuelto cristiano durante el ministerio de tres años de Pablo en Éfeso. En la providencia de Dios, Onésimo, un esclavo fugitivo que pertenecía a Filemón, había conocido a Pablo en Roma y se convirtió en cristiano.

Pablo sabía que debía asegurarse de que Onésimo regresara a su amo, por lo que escribió una carta en que le pedía a Filemón que perdonara a Onésimo y lo recibiera otra vez para que sirviera como hermano en Cristo. El propósito de la carta de Pablo no fue hablar de esclavitud, sino de perdón.

Filemón tenía la ley romana de su parte, y Onésimo había infringido realmente la ley y merecía ser castigado. Sin embargo, Pablo le pidió a Filemón que por el amor que compartían en Cristo perdonara a su esclavo. No sabemos el resultado de la apelación de Pablo de que Filemón hiciera «aun más de lo que te digo», pero sí sabemos que Jesús quiso que todos los creyentes se perdonaran mutuamente: «Si perdonáis a los hombres sus ofensas, os perdonará también a vosotros vuestro Padre celestial» (Mateo 6:14).

De la misma manera que se te ha perdonado en Cristo, también debes perdonar libremente a los demás, merézcanlo o no. Ten siempre en cuenta que el perdón es más parecido a lo que Cristo hace cuando se ofrece a los que no lo merecen. También podrías estar pensando junto con Pedro: «Cuántas veces debo perdonar a otra persona?». Jesús contestó esta pregunta diciendo: «Si siete veces al día pecare contra ti, y siete veces al día volviere a ti, diciendo: Me arrepiento; perdónale» (Lucas 17:4). La disposición de perdonar a los demás es un indicador de que también se te ha perdonado en Cristo.

Jacobo

Un hombre que sería grande

El que quiera hacerse grande entre vosotros será vuestro servidor.

Mateo 20:26

Jacobo y su hermano Juan fueron reclutados por Jesús como seguidores. Estos hermanos y su madre, junto con los otros diez discípulos, siguieron al Señor en su camino hasta la muerte en Jerusalén. Con ambición por sus hijos, la madre pidió a Jesús: «Ordena que en tu reino se sienten estos dos hijos míos, el uno a tu derecha, y el otro a tu izquierda» (Mateo 20:21). Entonces los hijos intervinieron, diciendo: «Concédenos que en tu gloria nos sentemos el uno a tu derecha, y el otro a tu izquierda» (Marcos 10:37).

Estas peticiones revelan lo poco que el mensaje de humildad de Jesús había penetrado en los corazones y las mentes de Jacobo, Juan y su madre. Habían hecho completamente caso omiso al mensaje reiterado de Jesús de que iba a morir en Jerusalén. Jacobo y Juan aún estaban pensando que Cristo establecería un reino terrenal, y se hallaban ocupados manipulando en busca de lugares de preeminencia.

¿Ves la grandeza del mismo modo que Jacobo y Juan? Hoy día, como en los tiempos bíblicos, a menudo se ve al liderazgo como ejercicio de fuerza y dominio. Pero Jesús enseñó justo lo contrario. Debes dirigir como siervo, sea en tu familia, en la iglesia o en el mundo comercial. Jesús se usó como ejemplo de liderazgo de siervo cuando declaró: «El Hijo del Hombre no vino para ser servido, sino para servir» (Mateo 20:28).

Tendrás una mejor comprensión de cómo es el liderazgo bíblico si lees 1 Timoteo 3:1-13 y Tito 1:5-9. Al leer sobre las características del liderazgo bíblico, observa que no se dice nada de ser grande. Estos pasajes describen la vida interior y el carácter del individuo, no cómo este dirige. Un hombre piadoso será un líder piadoso.

Jacobo (Santiago)

Un hombre que necesitaba pruebas

Ni aun sus hermanos creían en él.

Juan 7:5

Jacobo (su nombre en hebreo) era hijo de María y José y medio hermano de Jesucristo. Según Mateo 13:55, Jacobo era el mayor después de Jesús, y había otros tres hermanos y por lo menos dos hermanas en la familia. El Evangelio de Juan clarifica que, a lo largo de la vida y el ministerio de Jesús, Jacobo fue un escéptico incrédulo. No fue sino hasta después de la resurrección que Jesús eligió a Jacobo, y este se convirtió en creyente (1 Corintios 15:7). Una vez resueltas las dudas de Jacobo, su compromiso fue incomparable, y rápidamente emergió como un respetado líder de la iglesia en Jerusalén junto con los apóstoles.

Jacobo era un hombre sabio y dio buenos consejos sobre cómo debía tratarse a los gentiles en la iglesia (Hechos 15). Más tarde, Jacobo volvió a demostrar su sabiduría cuando escribió sobre la naturaleza práctica de la fe al redactar la breve carta del Nuevo Testamento que lleva su nombre (Santiago). Fue Jacobo quien declaró: «Muéstrame tu fe sin tus obras, y yo te mostraré mi fe por mis obras… la fe sin obras es muerta» (Santiago 2:18-20). Para Jacobo, la fe era acción. Y quién mejor para escribir sobre la fe en acción que él, quien pasó su vida observando la vida diaria de su medio hermano Jesús, ¡Dios hecho carne!

¿Cuántos escépticos como Jacobo tienes en tu vida: tu familia, tu trabajo o tu círculo de amigos y vecinos? A diferencia de Jacobo, estas personas no serán visitadas por el Señor Jesucristo resucitado. En su lugar, estarán expuestas a *ti*, ¡uno de los discípulos de Jesús! ¿Ha sido transformada tu vida por Jesús? De ser así, sigue el consejo de Jacobo y demuestra por tus buenas obras que tu fe es real. Luego ora para que el Espíritu de Cristo convenza a tu familia, amigos y compañeros de trabajo incrédulos que Jesús resucitó realmente de los muertos y que ofrece salvación a los perdidos.

JAIRO

Un hombre que tuvo fe

Mi hija acaba de morir; mas ven y pon tu mano sobre ella, y vivirá.

MATEO 9:18

Jairo debió haber amado mucho a su hija para mostrar una humildad tan grande e inclinarse ante Jesús. Él era un oficial, lo que significaba que tenía una posición social en la comunidad. Ya que era líder en la sinagoga local, estaba acostumbrado a que las personas se inclinaran delante de él. Pero por amor a su hija cayó de buena gana a los pies de Jesús, creyendo que el Señor podía resucitar a su niña muerta.

Cuando Jairo y Jesús llegaron a la casa, allí había muchas personas llorando. Jesús dijo: «Apartaos, porque la niña no está muerta, sino duerme» (v. 24). El Señor le impuso las manos, ¡y ella volvió a la vida!

«No temas, cree solamente» (Marcos 5:36). Eso es lo que Jesús le dijo a este padre desesperado. En los diferentes relatos de este milagro, la hija de Jairo estaba muerta o agonizando cuando él cayó a los pies de Jesús. Pero lo que realmente importa aquí fue la fe exhibida por Jairo, la cual le hizo superar el orgullo de su posición social y buscar ayuda para esta pequeña. Su fe le dio la atrevida libertad para caer ante Jesús con total seguridad de que Él podía resucitar a su hija. Lee cómo la Biblia describe la fe: «Sin fe es imposible agradar a Dios; porque es necesario que el que se acerca a Dios crea que le hay, y que es galardonador de los que le buscan» (Hebreos 11:6). Esa es fe salvadora, una fe que puede aceptar humillación, ridículo y rechazo y mantenerse firme.

Pide a Dios que te conceda la clase de fe que Jairo mostró, una fe que cree que Jesús es la respuesta a todas tus necesidades. Jesús está pidiéndote lo mismo que le pidió a Jairo: «No temas, cree solamente».

Juan

Un hombre cuya vida fue progresivamente transformada

Señor, ¿quieres que mandemos que descienda fuego del cielo, como hizo Elías, y los consuma?

Lucas 9:54

Juan era probablemente el más joven de los discípulos, y el más atrevido en sus primeros años. Vemos confirmación de esto en tres incidentes relatados en los evangelios, todos los cuales ilustran su necesidad de la obra transformadora de Jesús:

- Juan era egoísta. Creía que él y los demás discípulos formaban parte de un grupo exclusivo. Cuando alguien echó fuera demonios con éxito en el nombre de Jesús, Juan se quejó diciendo «no es parte de nuestro grupo». Jesús lo reprendió por su prejuicio (Lucas 9:49-50, TLA).
- Juan era vengativo. Tanto él como su hermano Jacobo se enojaron cuando una aldea en Samaria se negó a recibirlos. Al preguntarle a Jesús si podían hacer descender fuego del cielo y destruir la aldea, Él los reprendió (Lucas 9:51-56).
- Juan era ambicioso. Los dos hermanos, Juan y Jacobo, se unieron a su madre para pedirle a Jesús

posiciones de poder en el reino venidero. Jesús volvió a reprenderlos y usó tal petición como una oportunidad para enseñar sobre el liderazgo de siervo (Mateo 20:20-28).

Sin embargo, la muerte y resurrección de Jesús cambiaron la vida de Juan. El libro de Hechos y los propios escritos del apóstol revelan que se convirtió en un siervo amoroso y paciente de su Señor. Juan vivió casi hasta los cien años de edad, y sus últimas palabras fueron el mensaje de su vida: «Amados, amémonos unos a otros» (1 Juan 4:7).

Tu vida cristiana también es una obra inconclusa. ¿Dónde estás en la escala transformadora de Jesús? Pablo describió el proceso del crecimiento espiritual con estas palabras: «No os conforméis a este siglo, sino transformaos por medio de la renovación de vuestro entendimiento» (Romanos 12:2). Jesús quiere conformarte a su imagen. Lo importante no es dónde estás ni qué eres hoy, sino más bien quién y qué puedes ser cuando entregas por completo tu vida a Jesús. ¡Dios aún no ha terminado contigo!

Juan el Bautista

Un hombre que tuvo una misión

Preparad el camino del Señor, enderezad sus sendas.

Mateo 3:3

La historia de la vida de Juan el Bautista se narra en cada uno de los cuatro evangelios y la predicen dos profetas del Antiguo Testamento. Juan era hijo de un sacerdote llamado Zacarías y su esposa Elisabet, quien estaba emparentada con María, la madre de Jesús. Juan era un predicador ardiente y apasionado que recorría el desierto usando ropa de pelo de camello y comiendo langostas y miel silvestre. Su misión fue preparar el camino para Jesús el Mesías. Llamaba a las personas al arrepentimiento y, cuando respondían, Juan las bautizaba en las aguas del río Jordán. Incluso bautizó a Jesús, lo que al principio Juan se negó humildemente a hacer. Jesús llamó a Juan el último y más grade de los profetas. Finalmente, Juan fue decapitado a los treinta años de edad por el rey Herodes; su ministerio solo duró cerca de un año.

¿Cuán importante es un año de tu vida? ¿Has pensado alguna vez: *Tengo mucho tiempo para* ______? ¿Qué hubiera sucedido si Juan el Bautista hubiera alimentado esta clase de mentalidad indiferente respecto a su época y sus días? Juan probablemente no sabía que su misión solo duraría un breve año, pero se aseguró que su tiempo contara para Dios.

¿Qué pasaría si te dijeran que solo tienes un año de vida? ¿Cómo elegirías pasar ese tiempo precioso? Lo más probable es que harías algunos cambios en tu vida, ¿no es así? ¿Por qué no establecer hoy una meta a un año? Al planearla, asegúrate de incluir a Dios. Luego desglosa esa meta a lo que debes hacer mes a mes y, finalmente a lo que debes hacer hoy a fin de que, con tu tiempo, estés cumpliendo la misión de Dios para tu vida. Recuerda, la influencia de tu misión no se mide en cantidad de años, sino en cantidad de obediencia.

Judas

Un hombre que contendió por la fe

Me ha sido necesario escribiros exhortándoos que contendáis ardientemente por la fe.

Judas 3

Judas era el hijo menor de José y María, hermano de Jacobo y medio hermano de Jesús (Mateo 13:55). Ni Judas ni sus hermanos mayores creyeron que Jesús era el Mesías hasta después de la resurrección. Judas fue parte de la reunión de ciento veinte seguidores de Jesús realizada en el aposento alto después de la ascensión de Jesús al cielo, y llegó a convertirse en un ferviente portavoz, proclamando a Cristo como Dios.

Para cuando Judas escribió la carta que lleva su nombre, todos los apóstoles excepto Juan habían sido martirizados. Aunque el cristianismo se había extendido por todo el Imperio romano, su pureza espiritual estaba en gran peligro. La Iglesia estaba bajo ataque político y espiritual, y Judas la llamó a pelear por la verdad en medio de esta gran batalla espiritual.

Judas estaba preocupado por los falsos maestros que sin ser vistos se habían infiltrado en las iglesias. O, si habían notado a estos maestros, los cristianos no se habían molestado en confrontarles sus errores. El mismo problema está sucediendo en la Iglesia de hoy. Satanás hace todo lo posible por extender falsas enseñanzas. Por medio de Judas,

Dios está pidiéndote «que contendáis ardientemente por la fe». No puedes darte el lujo de mantenerte al margen mientras otros enseñan falsedades y difaman a tu Señor y su pueblo. Defender tu fe no es opcional, es un deber.

El arma que debes usar para contender por la fe es la Biblia. La sabiduría que se encuentra en ella debe desearse más que el oro (Proverbios 16:16). Además, «la palabra de Dios es viva y eficaz, y más cortante que toda espada de dos filos; y penetra hasta partir el alma y el espíritu, las coyunturas y los tuétanos, y discierne los pensamientos y las intenciones del corazón» (Hebreos 4:12).

Decide conocer el valor de la Palabra de Dios. Obtén un mejor entendimiento de la Biblia para que no seas propenso a falsas enseñanzas. Con un conocimiento de las Escrituras puedes permanecer firme en defensa de la verdad de Dios.

Judas Iscariote

Un hombre que sabía acerca de Jesús

Cuando cenaban... el diablo ya había puesto en el corazón de Judas Iscariote, hijo de Simón, que... entregase [a Jesús].

Juan 13:2

¿Cuándo fue la última vez que conociste a un hombre llamado Judas? Probablemente nunca, porque Judas es un nombre que habla de la más grande traición de todos los tiempos. Judas fue uno de los doce discípulos. Vivió y viajó con Jesús durante tres años, y oyó cada palabra que Él pronunció. Fue el tesorero de confianza del grupo. Presenció los milagros de Jesús y literalmente se codeó con Dios. Sin embargo, después de toda esa privilegiada exposición de «Dios en la carne», ¡traicionó a Jesús!

No podemos comprender por qué Jesús, el omnisciente Dios del universo, escogió en primera instancia a Judas. Pero es evidente por las Escrituras que Él sabía desde el principio lo que había en el corazón de Judas. Jesús advirtió que uno de sus discípulos era «diablo» (Juan 6:70). También mencionó en la Última Cena que uno de los discípulos lo traicionaría (Lucas 22:21). Y más tarde, en su oración al Padre, llamó a Judas «el hijo de perdición» y lo describió como el que «se perdió» (Juan 17:12).

La chocante historia de Judas es una advertencia y un recordatorio aleccionador de esta verdad: es posible que participes en actividades cristianas y que parezcas y actúes como seguidor de Cristo, y aún estar perdido en tus pecados. Examina tu corazón para ver si eres un verdadero creyente o si simplemente haces algo por puro formulismo. La Biblia dice: «Examínense ustedes mismos y vean si permanecen en la fe; pónganse a prueba ustedes mismos. ¿O acaso ustedes mismos no se conocen? ¿Acaso no saben que Jesucristo está en ustedes? ¡A menos que no hayan pasado la prueba!» (2 Corintios 13:5, RVC).

¿Qué hay en tu corazón? Si no estás seguro de que Jesús es tu Señor, inclínate ante Él ahora mismo. Acéptalo como tu Salvador y Señor. Judas no tomó esta decisión, pero tú sí puedes hacerlo. Es esta decisión la que te llevará de simplemente saber *acerca de* Jesús a convertirte en alguien que *conoce* realmente a Jesús.

Un hombre que sirvió sacrificialmente

Os saluda Lucas el médico amado, y Demas.

Colosenses 4:14

Lucas fue médico de formación y el único escritor gentil de los libros del Nuevo Testamento. Debido a su educación sirvió como historiador excelente de los acontecimientos de la vida de Jesús y la expansión de la Iglesia. Lucas no fue un observador lejano sino un participante activo en los rigurosos y peligrosos viajes misioneros de Pablo. Muy bien pudo haber sido el primer misionero médico.

Lucas se menciona por nombre solo tres veces en el Nuevo Testamento y, en todas ellas, Pablo fue el escritor. El uso que Pablo hace de la palabra «amado» en Colosenses 4:14 para describir a Lucas nos dice mucho sobre el carácter de este hombre. Como médico, Lucas estaba capacitado para cuidar de las necesidades físicas de la gente. En su relato de la vida de Jesús en el Evangelio de Lucas vemos su compasión, especialmente por los pobres, las mujeres y los despreciados de la sociedad judía. También vemos la preocupación de Lucas por el apóstol Pablo. A pesar de los muchos peligros y las dificultades enfrentadas durante los viajes misioneros del apóstol, Lucas permaneció cerca de Pablo hasta el mismo final de la vida de este.

En su Evangelio, Lucas registra las palabras de Jesús de

que cualquiera que lo siga debe contar el costo, negándose «a sí mismo» y tomando «su cruz cada día» (Lucas 9:23). Lucas contó el costo y decidió:

- renunciar a su respetable profesión
- sufrir dificultades por servir a Dios
- pasar años recopilando el material para su relato de la vida de Jesús
- servir al apóstol Pablo
- escribir el libro de Hechos

El discipulado es costoso. Nos llama a dejar de tomar las cosas a la ligera y comprometernos cien por cien con Jesús. Toma tiempo para orar y contar el costo, y decide junto con Lucas que el costo vale todos y cada uno de los sacrificios. ¡Al otro lado de tu decisión te espera una vida de maravillosa utilidad para la causa de Cristo!

Marcos

Un hombre que tuvo una segunda oportunidad

Toma a Marcos... porque me es útil para el ministerio.

2 Timoteo 4:11

Marcos era primo de Bernabé, un líder en la iglesia primitiva que se convirtió en aliado del apóstol Pablo. Se le pidió a Marcos que se uniera a Bernabé y Pablo como asistente en su primer viaje misionero. Por alguna razón desconocida, Marcos desertó más tarde del equipo y regresó a Jerusalén (Hechos 13:13).

Varios años después, Bernabé quiso llevar a Marcos en otro viaje misionero, pero Pablo se negó (Hechos 15:39). Entonces Bernabé y Marcos fueron hacia Chipre. Años más tarde, después que Bernabé le diera a Marcos una segunda oportunidad, este se convirtió en un siervo útil de Pablo. El apóstol escribió en su última epístola: «Toma a Marcos y tráele contigo, porque me es útil para el ministerio» (2 Timoteo 4:11). Marcos no solo ayudó a Pablo, sino también a Pedro, quien lo trató como «mi hijo» mientras ministraban juntos en Roma (1 Pedro 5:13). Marcos registró el relato de Pedro sobre la vida de Jesús en el Evangelio que lleva su nombre: Evangelio de Marcos.

Fallar no es el fin; es la oportunidad para un nuevo inicio. Muchos que han tenido una experiencia «como la de

Marcos» en su vida cristiana han contribuido de manera significativa a la causa de Cristo. ¿Has experimentado un fracaso en tu vida? Probablemente sí. ¡Y sin embargo tu vida no se acabó! Marcos es un ejemplo vívido de lo que puede suceder cuando te dan una segunda oportunidad para aprender de tus errores. Cuando falles, pide a Dios que te dé el valor para levantarte y seguir adelante y así aguantar otro asalto.

¿Tienes un mentor que pueda ayudarte? Si no lo tienes, pídele a Dios que te provea alguien como Bernabé que crea en ti y haga una inversión espiritual en ti. Dios suele conceder segundas oportunidades. ¿Estás listo y dispuesto a aceptar su ofrecimiento? Como ocurrió con Marcos, lo importante no es lo bien que empieces, sino lo bien que termines.

Un hombre que dejó todo

[Jesús] vio a un hombre llamado Mateo, que estaba sentado al banco de los tributos públicos, y le dijo: Sígueme. Y se levantó y le siguió.

MATEO 9:9

Mateo vivía en Israel y era recaudador de impuestos para el gobierno romano. Al igual que la mayoría de sus colegas, Mateo era rico, según lo evidencia su primer acto registrado como seguidor de Jesús: ofreció un gran banquete para presentar a sus amigos a Jesús. Mateo se convirtió luego en uno de los doce discípulos de Jesús. Como testigo presencial de la vida de Jesús, Mateo escribió un relato del ministerio del Señor. El Evangelio de Mateo se convirtió en una herramienta evangelística inicial en la transmisión del evangelio a las comunidades judías esparcidas por el Imperio romano. La tradición afirma que Mateo fue quemado en la hoguera, tras haber dado todo por seguir a Cristo.

De todos los seguidores de Jesús, Mateo fue el que tuvo más que perder. Recaudar impuestos era una profesión lucrativa. Una vez que Mateo dejó su trabajo, su situación económica se alteró drásticamente para siempre. No había vuelta atrás. Pero Mateo no vaciló por un momento cuando Jesús dijo: «Sígueme».

Mateo contó el costo y dejó su profesión secular. Todo

lo que tenía era su pluma, sus habilidades de mantener registros, y sus amigos en el mundo secular, a quienes inmediatamente presentó a Jesús. A partir de ese momento, Jesús dio a Mateo un nuevo uso para sus habilidades: llevar un registro de lo que observó como su seguidor. El Evangelio que lleva el nombre de Mateo es el fruto de su ministerio y su amor por el Salvador.

Después de llegar a Cristo, también tienes amigos que deben ser presentados a Jesús. Permíteles que lo vean a través de tu vida transformada. Entonces, al igual que Mateo, Jesús quiere que uses tu conjunto único de talentos, habilidades y experiencias para honrarlo y bendecir a otros. Igual que Mateo, entrégate libremente a Jesús para que te utilice como Él quiera.

NATANAEL

Un hombre que fue íntegro

He aquí un verdadero israelita, en quien no hay engaño.

JUAN 1:47

Natanael fue uno de los primeros discípulos de Jesús, después que Felipe lo llevara al Señor (Juan 1:43-46). Cuando Felipe y Natanael se acercaron a Jesús, el Salvador describió a Natanael como un hombre que no conocía artimaña o engaño, un hombre con un corazón sincero. Estas palabras del salmista podrían haberse usado para describir a Natanael: «Bienaventurado el hombre a quien Jehová no culpa de iniquidad, y en cuyo espíritu no hay engaño» (Salmos 32:2).

Natanael actuaba con un corazón puro, pero no era crédulo. Cuando Felipe, un amigo, le dijo que había encontrado al Mesías, quien era de Nazaret, Natanael razonó: «¿Por qué el esperado Mesías vendría de un lugar en medio de la nada como Nazaret? ¿Por qué no de Jerusalén, el centro de toda la actividad religiosa y política?» (véase Juan 1:46). No convencido, pero con deseos de saber la verdad sobre este «Jesús», Natanael fue a comprobarlo por sí mismo.

Por desgracia, hoy día es difícil encontrar hombres sinceros. Se han vuelto la excepción y no la regla. En lugar de seguir el ejemplo de Natanael, muchos hombres siguen el estilo de vida engañoso de Jacob (Génesis 27). Es fácil justificar y excusar un estilo de vida menos que honesto. Al fin y al cabo, «todos» hacen eso. Pero la norma que deberíamos seguir viene de Dios, no del mundo.

Como hombre de Dios, estás llamado a vivir según normas más elevadas y a ser sincero siempre. Conscientemente debes invalidar mentiras, medias verdades y omisiones de la verdad. Esfuérzate por ser franco en tus palabras y acciones. Y no caigas en la trampa de decir a las personas lo que quieren escuchar, a fin de poder obtener lo que deseas o para progresar. Dios quiere que seas una persona confiable todo el tiempo, y que otros puedan decir de ti lo que Jesús dijo de Natanael: «Aquí viene... un hombre totalmente íntegro» (NTV).

NICODEMO

Un hombre que aprendió a ser más audaz

Nicodemo, el que antes había visitado a Jesús de noche, vino trayendo un compuesto de mirra y de áloes.

JUAN 19:39

No sabemos exactamente cuándo Nicodemo se convirtió en seguidor de Jesús, pero estaba totalmente comprometido con Cristo en el momento de la muerte del Señor. Su historia empieza a inicios del ministerio de Jesús, en su encuentro con Él al amparo de la oscuridad (Juan 3:2). Nicodemo era un fariseo, uno de los líderes religiosos prominentes de Israel, y miembro del concilio religioso conocido como el Sanedrín. No le iría bien a su reputación si lo veían hablando con Jesús, un maestro polémico. Pero Nicodemo sentía curiosidad respecto a las enseñanzas de Jesús y quería saber más.

Después de este movimiento menos que audaz de parte de Nicodemo, podemos ver señales definidas de crecimiento espiritual. En Juan 7, Nicodemo fue criticado por intentar defender las acciones y enseñanzas del Señor, al declarar: «¿Juzga acaso nuestra ley a un hombre si primero no le oye, y sabe lo que ha hecho?» (vv. 50-52). Finalmente, a la vista de toda Jerusalén, Nicodemo y José de Arimatea dieron un paso arriesgado y pidieron el cuerpo de Jesús para poder darle un entierro adecuado (Juan 19:38-40). No tenemos más registro de Nicodemo, pero lo más probable es que lo despreciaran, rechazaran y expulsaran del Sanedrín.

Nacer espiritualmente de nuevo ocurre en forma instantánea, pero no sucede así con el crecimiento espiritual. Las semillas del crecimiento se depositaron cuando el Espíritu Santo se instaló en ti. A partir de ese momento debes hacer tu parte y crecer «en la gracia y el conocimiento de nuestro Señor y Salvador Jesucristo» (2 Pedro 3:18). ¿Cómo se obtiene este crecimiento? Empieza dándote un festín con la Palabra de Dios. Ora para ser más como Jesús. Y camina en obediencia. Puedes ser como Nicodemo, quien al principio fue tímido, pero, a medida que te vuelvas gradualmente más confiado y conocedor, también puedes ser identificado audazmente con Cristo. Una señal segura de cómo progresa tu crecimiento será tu creciente audacia.

ONÉSIMO

Un hombre que hizo lo correcto

Vuelvo a enviarte [a Onésimo]; tú, pues, recíbele como a mí mismo.

FILEMÓN 12

La esclavitud estaba generalizada en el Imperio romano. Se ha calculado que los esclavos constituían al menos un tercio de la población del Imperio. En la época de Pablo, los esclavos podrían ser médicos, músicos, maestros, artistas o trabajar en muchas otras profesiones. Algunos esclavos disfrutaban situaciones favorables, pero a muchos los trataban cruelmente.

Onésimo era un esclavo que le había robado a su amo Filemón, y luego había huido esperando perderse en la enorme población esclava de Roma. Por la providencia de Dios, Onésimo conoció a Pablo en Roma y se convirtió en cristiano. Pablo se encariñó rápidamente con Onésimo (Filemón 12, 16) y quiso mantenerlo en Roma debido a la ayuda que proporcionó mientras el apóstol estaba en la cárcel (v. 11).

Pablo pidió a Onésimo que regresara a su amo, y desde luego que Onésimo pudo haber huido a otra parte del Imperio. Pero regresó ante Filemón con una carta de Pablo. Onésimo había violado la ley romana al robarle a su amo y huir, y ahora que era creyente quería hacer lo correcto y enfrentar las consecuencias de sus acciones.

Aunque ahora Onésimo era creyente y sus pecados pasados se habían perdonado, aún estaba obligado a responder por sus acciones. Mostró su vida transformada al regresar voluntariamente y someterse al juicio de su amo. Entendió la realidad de que era libre de sus pecados, pero no de las consecuencias que producían.

Si eres cristiano, has sido liberado de los pecados de tu pasado a través de la sangre derramada de Cristo. ¡Agradece a Dios por esa libertad! El perdón en Cristo te da ahora la responsabilidad y la libertad para hacer lo correcto. ¿Hay algo de tu pasado que debas corregir? De ser así, pide a Dios que te otorgue valor y fortaleza para hacer todo lo necesario a fin de reparar una relación rota o enderezar algo malo que cometiste.

PABLO

Un hombre que fue único

Pablo, apóstol de Jesucristo por la voluntad de Dios.

EFESIOS 1:1

Pablo nació en Tarso en Asia Menor, casi al mismo tiempo que nació Jesús. Era muy educado y fariseo. Inicialmente Pablo fue perseguidor de cristianos. Sin embargo, mientras iba en camino a Damasco para arrestar cristianos, se le apareció el Jesús resucitado y le encargó que llevara el mensaje del Mesías a los gentiles.

Pablo fue un misionero extraordinario que llevó con él a fieles cristianos como Bernabé, Juan Marcos y Silas en calidad de compañeros y ayudantes. Plantó muchas iglesias y predicó el evangelio de Jesús en Jerusalén, Antioquía, Atenas, Éfeso, Tesalónica, Corinto y otros lugares. El libro de Hechos termina con Pablo bajo arresto domiciliario en Roma, recibiendo a todos los que lo visitaban y predicando las buenas nuevas de Jesús.

Pablo tuvo enorme influencia en su mundo, que ha continuado hasta el día de hoy por medio de sus escritos. Sus habilidades únicas fueron un activo valioso para Dios, a quien no ocultó nada. Su entrenamiento, educación, inteligencia y personalidad se usaron completamente para el Señor. En Pablo, Dios tuvo un siervo dispuesto que dio todo hasta su último aliento.

Podrías creer que no tienes nada especial que ofrecerle a Dios, pero las Escrituras dicen que todo creyente tiene un conjunto único de dones y habilidades que lo hacen valioso para el servicio de Dios (1 Corintios 12:7). ¿Estás dispuesto a dejar que Dios tome tu vida y todas tus cualidades (y todos tus defectos) y los utilice para su servicio? ¿O hay algunos aspectos de tu vida a los que te aferras? Nunca sabrás todo lo que Dios puede hacer a través de ti a menos que le permitas tener todo de ti. Una vez que esto ocurra, las palabras de Pablo también se harán realidad para ti: «A Aquel que es poderoso para hacer todas las cosas mucho más abundantemente de lo que pedimos o entendemos, según el poder que actúa en nosotros… a él sea gloria… por los siglos de los siglos» (Efesios 3:20-21).

Un hombre que lidió con su carne

¡Miserable de mí! ¿quién me librará de este cuerpo de muerte?

ROMANOS 7:24

Saulo era un brillante y prometedor líder religioso judío que fue instruido por el gran dirigente y pensador judío Gamaliel (Hechos 22:3). Pero un cambio radical se produjo en el corazón de Saulo: durante un viaje a Damasco en que encarcelaría cristianos, conoció a Jesús (Hechos 9:1-2). A partir de ese dramático encuentro, Saulo, cuyo nombre también era Pablo, fue un fiel seguidor de Jesucristo y pasó a tener una extraordinaria influencia en la iglesia primitiva.

Podrías creer que el gran apóstol Pablo no lidió las batallas de la carne que muchos de nosotros los hombres enfrentamos, pero te equivocarías. A lo largo de su vida cristiana experimentó un conflicto continuo entre su carne pecaminosa y su deseo de obedecer a Dios. Pablo escribió así sobre esta lucha: «Según el hombre interior, me deleito en la ley de Dios; pero veo otra ley en mis miembros, que se rebela contra la ley de mi mente, y que me lleva cautivo a la ley del pecado que está en mis miembros. ¡Miserable de mí! ¿quién me librará de este cuerpo de muerte?» (Romanos 7:22-24).

Sí, la batalla contra la carne es real. No obstante,

al igual que el apóstol Pablo, en lugar de dejar que el pecado te domine, ¡puedes dominarlo! He aquí cómo lo hizo él: «Gracias doy a Dios, por Jesucristo Señor nuestro» (v. 25). En otra de sus cartas, Pablo explicó cómo se obtiene la victoria sobre el pecado y la carne: «Gracias sean dadas a Dios, que nos da la victoria por medio de nuestro Señor Jesucristo» (1 Corintios 15:57). No puedes ganar la batalla de la carne a menos que permanezcas cerca de Jesús leyendo su Palabra, buscando su ayuda a través de la oración, confesando tu pecado y evitando personas y situaciones pecaminosas. La victoria es tuya y se hace posible por medio de Cristo, pero debes hacer tu parte.

PABLO

Un hombre disciplinado

El ejercicio corporal para poco es provechoso, pero la piedad para todo aprovecha.

1 TIMOTEO 4:8

El apóstol Pablo fue un hombre con mucho talento y bien educado. Podrías suponer que estas cualidades fueron el motivo de su éxito, y en parte tendrías razón. Pero el verdadero motivo de su victoria espiritual fue su búsqueda apasionada de «una corona incorruptible» (1 Corintios 9:25, RVC). El mundo va tras premios terrenales con disciplina corporal, pero la motivación de Pablo era su búsqueda de Jesucristo y de una corona celestial; su enfoque disciplinado tenía una perspectiva celestial, ¡y esto fue determinante! Mientras más influencia tenía Jesús en Pablo, más influencia podía tener Pablo en otros.

El apóstol dio una sencilla descripción de disciplina espiritual en una carta a su joven discípulo Timoteo: «Ejercítate en la piedad» (1 Timoteo 4:7, NVI). He aquí tres características clave de disciplina espiritual:

- *Esfuerzo,* «Ejercítate»: La búsqueda de cualquier objetivo que valga la pena requiere esfuerzo. El crecimiento espiritual no es automático, requiere que seas fiel a la Palabra, a orar y a caminar en obediencia.

- *Deseo,* «tú mismo»: Nadie puede hacerte crecer espiritualmente. Solo tú puedes ansiar el ejercicio personal disciplinado en los caminos de Dios.
- *Enfoque,* «en la piedad»: La disciplina necesita un enfoque. El atleta se enfoca en su cuerpo. El hombre de Dios se enfoca en desarrollar buen carácter. La piedad debería ser el deseo y la dirección de todo aspecto de tu vida.

¡Oh, hombre de Dios!, la disciplina es un esfuerzo bueno y provechoso. No irás muy lejos sin ella. Sin disciplina no puedes ser un hombre de influencia en ningún nivel. Asegúrate de que tu disciplina tenga el enfoque correcto. Igual que Pablo, asegúrate de que tu objetivo sea ante todo seguir a Dios. Es más, eso es lo que Jesús mismo declaró: «Buscad primeramente el reino de Dios y su justicia, y todas estas cosas os serán añadidas» (Mateo 6:33).

PABLO

Un hombre que enfrentó adversidades

Mis trabajos son más abundantes; mis azotes, innumerables; mis encarcelamientos, muchos más; muchas veces he estado en peligro de muerte.

2 CORINTIOS 11:23, RVC

Si has leído algo sobre la historia de la Iglesia, probablemente habrás observado un patrón en las vidas de los hombres y las mujeres que se comprometieron en gran manera con Jesucristo. Todos experimentaron gran adversidad y muchos fueron martirizados por su fe. Estas cosas se aplicaron al apóstol Pablo, quien enfrentó enorme condenación por su fe cristiana. En una carta a la iglesia en Corinto, Pablo enumeró sus sufrimientos por causa de Cristo: cinco veces recibió treinta y nueve azotes, fue encarcelado, golpeado, apedreado, naufragó tres veces y enfrentó peligro constante de sus propios compatriotas, de gentiles y de ladrones (2 Corintios 11:23-26).

Más allá de estos sufrimientos externos, Pablo oró tres veces para que Dios le quitara aquello a lo que se refirió como su «aguijón en [la] carne» (2 Corintios 12:7). Con el tiempo entendió que sus problemas lo mantenían humilde, obligándolo a depender de Dios y conformar su carácter. El apóstol pudo manejar la adversidad tanto externa como interna debido a lo que sabía acerca del Señor: «Sabemos que a los que aman a Dios, todas las cosas les ayudan a bien, esto es, a los que conforme a su propósito son llamados» (Romanos 8:28).

¿Estás padeciendo un particular «aguijón en la carne», sea este una enfermedad debilitante, un contratiempo financiero, un compañero de trabajo problemático, un ataque a tu fe cristiana o una acusación malintencionada contra tu carácter? Dios comprende tu dolor y tiene razones y propósitos para tu sufrimiento. Convierte tu «aguijón» en confianza. Usa tu situación como una oportunidad para confiar en Dios y entender lo que Él quiere enseñarte. Como ocurrió con Pablo, que te baste la gracia de Dios, por grande que sea tu adversidad.

Pedro

Un hombre que se dejaba enseñar

[Jesús] reprendió a Pedro, diciendo: ¡Quítate de delante de mí, Satanás! porque no pones la mira en las cosas de Dios, sino en las de los hombres.

Marcos 8:33

En los relatos bíblicos sobre el llamado y el entrenamiento de los discípulos de Jesús, las listas y el orden de los nombres de los doce hombres que le sirvieron son casi idénticos. En cada uno de los cuatro evangelios, el primer nombre en estas listas siempre es Pedro. Desde el día en que Jesús lo conoció, también lo señaló como una «roca» de fortaleza para los demás discípulos. Pedro era un líder natural y rápidamente se convirtió en el portavoz del grupo. Pero, con toda su audacia y confianza en sí mismo, tenía una cualidad única que a menudo no se encuentra en un líder de su talla: se dejaba enseñar.

Siempre que el Señor reprendió a Pedro por algo que dijo o hizo, el apóstol estuvo dispuesto a ser corregido. Su examen final vino después que negara no solo una vez sino tres veces que conocía a Jesús. Cuando el Señor resucitado lo confrontó después al respecto, no le cuestionó la negación, sino que le hizo una simple pregunta: «¿Me amas...?» (Juan 21:15). Ante la respuesta afirmativa, Jesús volvió a hacerle dos veces la misma pregunta. Pedro se afligió por su pasado y sus fracasos, y declaró: «Señor, tú lo sabes todo; tú sabes que te amo».

Pedro pasó su examen final. Había aprendido la lección. Y Jesús supo que el compromiso de su alumno era sólido y total. Entonces el Señor le dio a Pedro sus órdenes de marcha: «Apacienta mis ovejas» (v. 17).

Los errores de Pedro se describen vívidamente a lo largo de los evangelios. Pero, en vez de frustrarse y renunciar, volvió a levantarse. Usó todo lo que había aprendido del Señor para seguir las instrucciones y apacentar las ovejas.

Sigue el ejemplo de Pedro. *Aprende* de tus errores, pero *déjalos* atrás y crece en el proceso. La clave de tu crecimiento y utilidad espiritual es tu docilidad: tu disposición de obedecer los mandatos de tu Señor. Aprende el principio que Pedro ejemplifica: es mejor ser un seguidor que a veces falla que uno que falla en ser seguidor.

PEDRO

Un hombre que cedió a la presión

[Pedro] le dijo: Señor, dispuesto estoy a ir contigo no sólo a la cárcel, sino también a la muerte.

LUCAS 22:33

Simón, a quien Jesús llamó Pedro, era un pescador nativo de Betsaida en la región de Galilea. Él y su hermano Andrés eran discípulos de Juan el Bautista hasta que Pedro fue presentado a Jesús por mediación de Andrés. Jesús cambió el nombre de Simón al de Cefas, que en el dialecto local de la época significaba «piedra», que también se traduce a «Pedro» (Lucas 6:14). Él y Andrés fueron llamados por Jesús a formar parte de sus doce discípulos.

Un estudio de la vida y el carácter de Pedro revela muchas cualidades nobles. Su entusiasmo y audacia son rasgos que todo cristiano debe ambicionar. Pero Pedro era tanto débil como valiente, y a menudo cedió a la presión, como se ve cuando negó a Jesús y cuando huyó de la agonizante escena de la crucifixión del Señor. Jesús había predicho la negación de Pedro, pero también dijo del apóstol: «He rogado por ti, que tu fe no falte; y tú, una vez vuelto, confirma a tus hermanos» (Lucas 22:32).

¿No te alegras de que Dios no renuncie a ti cuando fallas? Pedro tenía gran potencial, pero a menudo decía y hacía algo incorrecto. Pero el Dios de las segundas oportunidades le salió al encuentro después que negara a Jesús tres veces y volvió a ponerlo en la senda del servicio. Así como Jesús fue pronto en perdonar y reinstalar la utilidad en Pedro, también está listo para hacer lo mismo por ti. Cualquier fracaso espiritual que puedas haber tenido en el pasado es una oportunidad para que experimentes la gracia de Dios.

Quizás temes haberle fallado demasiadas veces a Dios y que Él no te brinde otra oportunidad. Bueno, piénsalo de nuevo. Dios conoce tu corazón y quiere perdonarte y verte de nuevo a su servicio. Ve a Él ahora y recibe su infinito amor y perdón. ¡Tu servicio es necesario!

PILATO

Un hombre que no hizo nada

Pilato... tomó agua y se lavó las manos delante del pueblo, diciendo: Inocente soy yo de la sangre de este justo; allá vosotros.

MATEO 27:24

Poncio Pilato era un político romano asignado como gobernador de la región de Palestina. El pueblo judío había sido un problema desde el inicio de la tarea de Pilato. Una vez más, los líderes religiosos provocaban problemas: un asunto que implicaba a un maestro popular que supuestamente también hacía milagros. Pilato interrogó a este hombre llamado Jesús, sin encontrar nada digno de muerte. Pero la presión de los líderes religiosos judíos y de las multitudes era demasiado grande. Pilato eligió la conveniencia en lugar de la justicia. Hizo una demostración visual de salirse del proceso literalmente lavándose «las manos» de lo que sucedería a continuación. Pilato no ordenó la muerte de Jesús, pero al elegir una supuesta neutralidad fue culpable de dar muerte al Hijo de Dios. ¡También pudo haber martillado los clavos en las manos y los pies de Jesús!

Fue el estadista irlandés Edmund Burke quien observó: «Para que triunfe el mal, basta con que los hombres de bien no hagan nada». Ese fue el mensaje de la parábola de Jesús acerca del buen samaritano, en que un sacerdote y un levita vieron un hombre sangrando y herido, pero decidieron no hacer nada. Solo un despreciado samaritano se detuvo e hizo algo: ayudó al hombre necesitado (Lucas 10:29-37).

¿Cuántas veces somos tentados a no comprometernos, a permanecer en silencio e inventar excusas para no hablar de nuestra fe? Cuando no decimos o no hacemos nada aún estamos diciendo y haciendo algo. Permitimos que el miedo a otros nos lleve a la inactividad. De este modo aprobamos pasivamente el comportamiento pecaminoso. Nos volvemos como Pilato, quien se lavó las manos en el proceso a Jesús, lo que abrió paso a su muerte. Pídele a Dios hoy el valor para hablar de tu fe. Defiende lo que es moralmente correcto, sin importar las consecuencias. ¡Haz algo en vez de no hacer nada!

Silas

Un hombre que fue segunda opción

Bernabé, tomando a Marcos, navegó a Chipre, y Pablo, escogiendo a Silas, salió.

Hechos 15:39-40

Silas, un judío de habla griega, participó en la reunión del concilio de Jerusalén, durante el cual quedó claro que tanto judíos como gentiles son salvos solo por gracia. Al finalizar la reunión pidieron a Silas y Judas, quienes eran profetas, que regresaran a Antioquía con Pablo y Bernabé para transmitir este mensaje del concilio de Jerusalén. Los cuatro debían enseñar la Palabra y brindar ánimo. Judas regresó más tarde a Jerusalén, pero Silas se quedó y continuó su fructífero ministerio.

Con el tiempo, Pablo le pidió a Bernabé que hicieran otro viaje misionero. Lógicamente, Bernabé quiso llevar a su sobrino Juan Marcos, quien había abandonado al equipo misionero a inicios del primer viaje. Sin embargo, Pablo se opuso, por lo que Bernabé tomó a Marcos y se encaminó a Chipre. Como alternativa, Pablo le pidió a Silas que se le uniera. Aunque Silas fue la segunda opción de Pablo, resultó ser una gran incorporación al equipo porque...

- era judío, lo cual daría a Silas acceso a las sinagogas.
- era ciudadano romano y disfrutaría los mismos beneficios y amparo que Pablo.

- era un líder respetado en la iglesia de Jerusalén.
- era profeta y maestro que podía ayudar a reforzar el mensaje de que la salvación de los gentiles era solo por gracia mediante la fe únicamente.

Silas pudo haber sido la segunda alternativa del apóstol, pero a los ojos de Dios era la mejor opción que Pablo necesitaba. Cuando te conviertes en la «segunda opción» de alguien, recuerda «que a los que aman a Dios, todas las cosas les ayudan a bien, esto es, a los que conforme a su propósito son llamados» (Romanos 8:28). Dios te conoce, y sabe lo que puedes ofrecer a cualquier situación o tarea. Por tanto, cuando te escojan de segundo, tercero o último, observa a Dios actuando para tu bien y su gloria. ¡Te acabas de convertir en la mejor opción del Señor!

SIMEÓN

Un hombre que pudo esperar

Había... un hombre llamado Simeón, y este hombre, justo y piadoso, esperaba la consolación de Israel.

LUCAS 2:25

Simeón se presenta al principio del Evangelio de Lucas, después que se describe el nacimiento de Jesús, el prometido y muy esperado Mesías. Simeón fue descrito como «justo y piadoso», y era un adorador frecuente en el templo y un fiel seguidor de las profecías del Antiguo Testamento. Con gran anticipación, Simeón había esperado toda la vida la venida del Mesías, el Cristo. Dios honró la fe y perseverancia del hombre con una revelación del Espíritu Santo de que antes de morir vería a Cristo el Señor. Cuando Simeón vio que el niño Jesús y sus padres entraban al templo, comenzó a entonar alabanzas, exclamando: «Han visto mis ojos tu salvación» (vv. 21-32).

Simeón esperó, esperó y esperó este momento, y a veces Dios también pide que esperemos. Esa es la definición de paciencia: aprender a esperar. Nuestra tendencia natural en la sociedad instantánea de hoy es querer que todo suceda al instante. Pero, si quieres ser un hombre conforme al corazón de Dios, debes confiar en Él y dejar que fije el ritmo, aunque eso signifique esperar.

Esperar es difícil, y podrías sentir la tentación de «ayudar a Dios» manipulando las circunstancias, pero esa no es una buena opción. En lugar de apresurarte, camina en el Espíritu con dominio propio y paciencia (Gálatas 5:23). Tal como con Simeón, cuando caminas con Dios y te esfuerzas por ser «justo y piadoso», el Espíritu Santo de Dios te dará la capacidad de esperar… que la condición médica mejore, que llegue esa transferencia esperada, que regrese el hijo pródigo y esperar cualquier otra cosa que te preocupe. Mientras esperas, haz cosas útiles y positivas que te acerquen a Dios, como por ejemplo orar, encontrar ayuda y alimentarte con su Palabra. Te alegrarás de haberlo hecho, y Dios te bendecirá por estar dispuesto a esperar.

TIMOTEO

Un hombre que debió entrenar a otros

Lo que has oído de mí ante muchos testigos, esto encarga a hombres fieles que sean idóneos para enseñar también a otros.

2 TIMOTEO 2:2

El Nuevo Testamento habla de un discípulo en Listra llamado Timoteo (que significa «honrado por Dios»). Timoteo era hijo de una judía convertida y un padre griego. Se hablaba bien de este joven en las iglesias de Listra e Iconio.

El apóstol Pablo quedó impresionado por las cualidades de carácter de Timoteo y quiso que lo acompañara durante sus viajes misioneros. Pablo se refirió a Timoteo como «mi colaborador», «mi hijo amado y fiel en el Señor», uno que tenía el «mismo ánimo» que Pablo y un «verdadero hijo en la fe» (Romanos 16:21; 1 Corintios 4:17; Filipenses 2:20; 1 Timoteo 1:2). El apóstol escribió varias de sus cartas con Timoteo presente. También escribió dos cartas directamente a Timoteo mientras este pastoreaba la iglesia en Éfeso, instruyéndolo acerca de los líderes y la conducta de estos en la iglesia. Pablo le tenía mucho cariño a Timoteo y lo valoraba inmensamente como colaborador en extender el evangelio.

La inversión de Pablo en Timoteo nos ayuda a recordar la importancia de entrenar a la siguiente generación de hombres piadosos. El apóstol fue entrenador de hombres. Guio y envió a muchos, incluso Timoteo. Pablo sabía que su única vida terminaría finalmente, por lo que hizo lo posible por levantar hombres como Timoteo, quien enseñaría y entrenaría a otros en la fe.

¿Estás siguiendo los pasos de Pablo y Timoteo? ¿Estás entrenando «Timoteos» para que sean la próxima generación de hombres cristianos apasionados? Empieza con tus hijos (hijas que necesitan entrenamiento en un comportamiento piadoso, e hijos que necesitan entrenamiento en ser hombres, esposos y padres piadosos). En la misma forma que Pablo pasó la batuta de fe a Timoteo, eres responsable de ayudar a preparar la próxima generación, de ir y hacer discípulos (Mateo 28:19).

TÍQUICO

Un hombre responsable

Todo lo que a mí se refiere, os lo hará saber Tíquico, amado hermano y fiel ministro y consiervo en el Señor.

COLOSENSES 4:7

Supimos de Tíquico cuando viajó con el apóstol Pablo de camino a Jerusalén (Hechos 20:4). Pablo siguió hacia Jerusalén, completando su último viaje misionero, mientras que Tíquico parece haberse quedado ministrando en Mileto (Hechos 20:15, 38). Tíquico no vuelve a mencionarse hasta el primer encarcelamiento de Pablo. Tanto Colosenses como Efesios informan que Tíquico llevó noticias de la condición de Pablo mientras este se encontraba encarcelado.

Tíquico proporcionó fiel ayuda y servicio a Pablo. Llevó mensajes a y de las iglesias, y representó a Pablo ante otros. Aunque el apóstol estaba dotado para predicar, enseñar y escribir, Tíquico demostró la valiosa cualidad de simplemente ser un ayudante confiable en cuanto a servir a otros. Pablo pudo enviar a Tíquico en cualquier misión, confiado en que sería un mensajero confiable y fiel, y que haría el trabajo encomendado.

La Iglesia, el Cuerpo de Cristo, es un organismo asombroso. Pablo describió así las funciones de la Iglesia: «Hay diversidad de dones, pero el Espíritu es el mismo. Y hay diversidad de ministerios, pero el Señor es el mismo. Y hay diversidad de operaciones, pero Dios, que hace todas las cosas en todos, es el mismo» (1 Corintios 12:4-6). Cada creyente recibe un don espiritual diferente «para el bien de los demás» (v. 7, NVI).

No tienes que ser el hombre que predica y enseña a fin de ser de gran utilidad para la Iglesia. Al igual que Tíquico, toda iglesia necesita ayudantes comprometidos, confiables y honrados. Sé un hombre con quien se pueda contar, que sobresalga por ser confiable. Sigue los pasos de Tíquico, y sé fiel en todo.

TITO

Un hombre que fue confiable

En cuanto a Tito, es mi compañero y colaborador.

2 Corintios 8:23

El apóstol Pablo fue un dotado y muy motivado siervo de Cristo. Pero sabía que la obra de plantar y hacer madurar iglesias no podía depender de una sola persona. Debía entrenar a otros para que asumieran las funciones de edificar, animar y disciplinar a más creyentes. Tito fue uno de los jóvenes entrenados por Pablo para llevar adelante el ministerio después que el apóstol partiera.

Tito demostró ser un capaz asistente de Pablo. Por ejemplo, mientras maduraba en la fe recibió el encargo de resolver los problemas difíciles que estallaron en la iglesia de Corinto. Luego, cuando la vida de Pablo llegaba a su fin, Tito fue dejado en Creta para supervisar todas las iglesias en la isla y reconocer y entrenar líderes. Y, en su carta a Tito, Pablo escribió que estaba enviando reemplazos para que Tito pudiera reunirse con él en Nicópolis, Grecia (Tito 3:12).

Pablo tenía tanta confianza en Tito que, cuando este iba a una misión, era como si Pablo mismo estuviera yendo. Le dijo a la iglesia en Corinto: «gracias a Dios que puso en el corazón de Tito la misma solicitud por vosotros» (2 Corintios 8:16). Como resultado de su lealtad y confiabilidad, Tito tuvo una gran influencia en la iglesia primitiva y las iglesias bajo su cuidado echaron raíces y crecieron. Tito era un siervo fuerte y dedicado en quien Pablo pudo confiar muchas tareas críticas.

¿Qué tal un chequeo de confiabilidad? ¿Pueden otros en tu iglesia o tu lugar de trabajo contar con que hagas lo que ofreces hacer? ¿Estar donde dices que estarás? ¿Llegar cuando se supone que debes hacerlo, incluso más temprano? La fidelidad y confiabilidad son características de madurez espiritual. Puedes tener gran influencia en tu iglesia, tu trabajo, tu casa y tu comunidad por ser confiable, alguien en quien las personas puedan confiar.

TOMÁS

Un hombre que dudó

Si no viere en sus manos la señal de los clavos... no creeré.

JUAN 20:25

Tomás fue uno de los doce discípulos originales que siguieron a Jesús y recibieron instrucción de Él durante tres años. Estos hombres de confianza fueron seleccionados para que sirvieran como representantes de Jesús durante su ministerio terrenal (Mateo 10:2-4). Tomás fue el discípulo que le preguntó a Cristo: «Señor, no sabemos a dónde vas; ¿cómo, pues, podemos saber el camino?» (Juan 14:5). Indagó esto inmediatamente después que Jesús dijera que iba a preparar lugar para ellos (v. 3).

Sin embargo, a Tomás se le conoce más por expresar dudas de que Jesús había resucitado realmente de los muertos. Durante la primera aparición de Jesús a los apóstoles, Tomás había estado ausente. Ocho días después, Jesús se apareció repentinamente otra vez mientras Tomás y los otros estaban dentro de una habitación con las puertas cerradas. Jesús no reprendió a Tomás por su incredulidad; al contrario, le ofreció compasivamente una prueba de su resurrección. La respuesta inmediata de Tomás fue: «¡Señor mío, y Dios mío!» (Juan 20:28).

La duda no es poco común cuando se trata de cosas

espirituales. Incluso en la misma presencia de Jesús, los discípulos tuvieron dudas sobre quién era Él. Jesús llamó a sus discípulos hombres de «poca fe» (Mateo 16:8). Casi podemos entender la duda de Tomás: ¿Resurrección de los muertos? ¿Cómo podía esto ser posible? Pero, en última instancia, la duda nos hace tomar una decisión. Tratándose de Jesús, no hay término medio.

Cuando te encuentres luchando con cualquier duda sobre Jesús y con lo que Él espera de ti, admite tus dudas ante Dios y empieza a buscar respuestas en la Biblia. Toma esta súplica de un padre perplejo y hazla tuya: «Creo; ayuda mi incredulidad» (Marcos 9:24).

TRÓFIMO

Un hombre de confianza

Cuando [Pablo] haya llegado, a quienes hubiereis designado... enviaré para que lleven vuestro donativo a Jerusalén.

1 Corintios 16:3

Cuando el apóstol Pablo volvió sobre sus pasos en su último viaje misionero y visitó las iglesias que había plantado en un recorrido anterior, cada iglesia local seleccionó hombres que lo acompañaran en su regreso a Jerusalén. Trófimo fue elegido de una de estas iglesias en Asia. Se le encomendó llevar una ofrenda de su congregación para ayudar a la iglesia en Jerusalén. La elección de Trófimo indica que era un hombre de elevado carácter moral a quien podía confiársele este gran honor y privilegio. Proverbios 25:13 dice: «Como frío de nieve en tiempo de la siega, así es el mensajero fiel a los que lo envían, pues al alma de su señor da refrigerio». Sabemos que Trófimo cumplió con esta responsabilidad porque se le vuelve a mencionar cuando estuvo con Pablo en Jerusalén (Hechos 21:27-29).

La confianza tarda toda una vida en ganarse, pero puede perderse fácilmente con solo un acto de infidelidad. La confianza, o fiabilidad, es una cualidad fundamental que debe poseer un hombre con un corazón conforme al de Dios. Otro término para esta cualidad es «integridad».

Se puede confiar en que una persona con integridad haga lo correcto por el motivo correcto, incluso cuando nadie la observa.

El apóstol Pablo veía la vida cristiana como una mayordomía, por eso escribió: «Lo que se requiere de los mayordomos es que cada uno sea hallado fiel» (1 Corintios 4:2, RVA-2015). ¿Qué tan confiable eres? Si tu iglesia y sus líderes buscaran un hombre confiable para un trabajo importante, ¿estaría tu nombre en la lista para tenerlo en consideración?

La confianza también es una importante cualidad de carácter necesaria en lugares seculares de trabajo. ¿Puede tu empleador contar con que hagas el trabajo requerido? Pide a Dios que te haga un hombre confiable con quien se pueda contar para que lleves a cabo lo que se requiere, sin importar el costo, para la gloria de Dios (1 Corintios 10:31).

Un hombre irreprochable

Ambos eran justos delante de Dios, y andaban irreprensibles en todos los mandamientos y ordenanzas del Señor.

LUCAS 1:6

Muchas personas parecen justas a la luz pública, y especialmente en la iglesia. Profesan fe en Cristo y realizan actividades externas de piedad. Pero tristemente, en su interior, no pasan la verdadera prueba de piedad, olvidando que «Jehová no mira lo que mira el hombre; pues el hombre mira lo que está delante de sus ojos, pero Jehová mira el corazón» (1 Samuel 16:7).

Conoce a Zacarías. Este hombre y su esposa tenían corazón para Dios y caminaban con Él diariamente. La Biblia dice que «andaban irreprensibles en todos los mandamientos y ordenanzas del Señor» (Lucas 1:6). Este hombre no se puso a escoger qué leyes y ordenanzas obedecería, ¡decidió obedecerlas todas! En otras palabras, Zacarías fue obediente en seguir todos los mandatos de las Escrituras. Con este estilo de vida sincero y entregado a Dios, hoy a Zacarías se le consideraría un anciano o líder del Nuevo Testamento que sería «irreprensible» (1 Timoteo 3:2) o «de conducta intachable» (RVA-2015).

¿Tomas tiempo para conocer la Palabra de Dios a fin de obedecerla, de modo que puedas aplicarla exactamente a tu vida? Dios hizo del hecho de ser «irreprensible» un requisito para sus líderes en la Iglesia del Nuevo Testamento. Ya que ser «irreprensible» es posible, ¿cómo puedes desarrollar un compromiso fuerte para con Dios?

He aquí algunas pautas básicas que deberías querer como parte de tu vida diaria:

- Desarrolla una mentalidad tipo «lo primero es lo primero» y lee tu Biblia a primera hora cada día.
- Comunícate a diario con Dios orando por todo, no solo por tu última crisis.
- Asiste a la iglesia para adorar y crecer en tu conocimiento de la Palabra.
- Asóciate con hombres maduros en la iglesia que puedan animar tu crecimiento espiritual.
- Evita personas y lugares que te alejen de vivir el camino de Dios (1 Corintios 15:33).

ZAQUEO

Un hombre que quiso ver a Jesús

[Zaqueo] procuraba ver quién era Jesús; pero no podía a causa de la multitud, pues era pequeño de estatura.

LUCAS 19:3

¿A quién no le gusta un desfile, a menos que seas demasiado pequeño para ver *qué* (o, como en el caso de Zaqueo, *quién*) está pasando? Zaqueo no solo era publicano, sino jefe de publicanos, lo que indica que tal vez supervisaba un gran distrito de otros recaudadores de impuestos. Esto explica su gran riqueza. Es interesante observar que poco tiempo antes Jesús se había topado con un joven rico y, después de la conversación que tuvieron, Jesús declaró: «¡Cuán difícilmente entrarán en el reino de Dios los que tienen riquezas!» (Lucas 18:24).

Por suerte, Zaqueo respondió correctamente al conocer a Jesús. Cuando Jesús se acercó y vio al hombre pequeño en la rama de un árbol, tratando de verlo, se invitó a almorzar en casa del publicano. Luego Zaqueo hizo un ofrecimiento: «La mitad de mis bienes doy a los pobres; y si en algo he defraudado a alguno, se lo devuelvo cuadruplicado» (Lucas 19:8). La disposición de Zaqueo de restituir demostró que su conversión era auténtica, el fruto, no la causa, de su salvación.

La diferencia entre el joven rico y Zaqueo fue la condición de sus corazones. Uno «se puso muy triste» (Lucas 18:23), pero Zaqueo «recibió gozoso [a Jesús]» (Lucas 19:6). El Maestro conocía el corazón de Zaqueo tan bien como conocía el del joven; y también te conoce y conoce tu corazón. ¿Has buscado ansiosamente a Jesús? ¿Y lo has aceptado gozoso como tu Salvador? ¡Entonces, igual que sucedió con Zaqueo, «ha venido la salvación a [tu] casa» (v. 9)!

Ahora es tu turno de buscar a otros que quieran ver y conocer a Jesús. No verán al Jesús físico, pero te verán a ti, su embajador. Sé valiente y habla, porque todos los creyentes «somos embajadores en nombre de Cristo, como si Dios rogase por medio de nosotros; os rogamos en nombre de Cristo: Reconciliaos con Dios» (2 Corintios 5:20).

TERCERA PARTE

JESÚS, EL HOMBRE MÁS GRANDE QUE HAYA VIVIDO JAMÁS

Un hombre que fue tanto Dios como hombre

En el principio era el Verbo, y el Verbo era con Dios, y el Verbo era Dios.

Juan 1:1

¿Quién es el personaje más grande que el mundo ha tenido? Los judíos dirían que Abraham o Moisés. Los musulmanes dirían Mahoma. Los budistas dirían Buda. Los chinos podrían decir Confucio. Pero, sin lugar a dudas, la persona más grande que ha vivido fue Jesús de Nazaret. La Biblia nos dice que Jesús fue más que un hombre: también fue Dios. Jesús no solo creó el mundo, también se convirtió en hombre a fin de poder ser el Salvador del mundo muriendo voluntariamente en una cruz como el sacrificio perfecto para pagar el castigo por el pecado de la humanidad (1 Corintios 15:3-4).

¿Qué significan para ti la vida, muerte y resurrección de Jesús? Muchas personas reconocen el simple hecho de que Jesús fue un ser humano, y continúan con su vida sin pensar más en Él. Sin embargo, si la Biblia es correcta en lo que dice sobre Jesús, quienes no lo reciben como Salvador tendrán que enfrentarse a Él en el juicio del gran trono blanco, donde responderán por los pecados que cometieron en esta vida (Apocalipsis 20:12).

La otra opción es…

- reconocer a Jesús como Dios.
- reconocer que eres pecador con necesidad de perdón, y
- aceptar la muerte del inmaculado Jesús en la cruz como el único sacrificio aceptable para pagar y perdonar tus pecados.

Si esta es la opción que elegiste, ahora eres nueva criatura, con el Espíritu de Jesús morando en ti. Tienes el poder para llevar una vida piadosa en todo momento siguiendo los pasos de Jesús y guardando sus mandamientos. Con Jesús como tu Salvador querrás alabarlo y agradecerle cada día por tu nueva vida (¡tu vida eterna!) en Él.

JESÚS

Un hombre que influyó

Id, y haced discípulos.

MATEO 28:19

Jesús nació de una virgen llamada María, que estaba comprometida con José de Nazaret. Un ángel le ordenó a José que al hijo de María lo llamara Jesús, que significa «el Señor es Salvación» o «Salvador» porque salvaría a las personas de sus pecados. Jesús, igual a Dios, entró a nuestro mundo para habitar entre nosotros y convertirse en el sacrificio sin pecado que liberaría de pecado a la humanidad.

Jesús comenzó su ministerio terrenal de tres años cuando tenía alrededor de treinta años. Realizó muchos hechos milagrosos de curación y demostró su poder sobre las fuerzas de la naturaleza y el reino espiritual. Jesús comunicó a menudo sus enseñanzas por medio de parábolas o historias sobre sucesos cotidianos que enseñaban importantes lecciones de vida.

¿Cómo fue posible que Jesús tuviera tan enorme influencia en el mundo cuando vivió solamente treinta y tres años, y enseñó por tan corto tiempo en una pequeña región del globo terráqueo? ¿La respuesta? Discipulado. Jesús tomó un pequeño grupo de doce hombres comunes y, en tres años, los entrenó y convirtió en una fuerza que sacudió los mismos cimientos del mundo. Estos hombres comunes fueron facultados por el Espíritu de Dios y llevaron, hasta los confines de la tierra, el mensaje de la resurrección de Jesús y su oferta de perdón por el pecado.

Jesús dijo a sus seguidores que fueran e hicieran discípulos, y solo un verdadero discípulo de Cristo puede hacer esto. Dondequiera que vivas y trabajes, estas acciones y decisiones te ayudarán a influir en las vidas de otros:

- Refleja el corazón y mensaje de Jesús en tu conducta.
- Sigue a Jesús sin dudarlo.
- Lleva el mensaje de Jesús al mundo, como hicieron sus discípulos.
- Otorga el perdón de Jesús a otros.
- Vive de tal manera que atraigas a otros a Jesús.
- Disponte a pasar tiempo con otros que también desean ser discípulos de Jesús.

JESÚS

Un hombre que estaba lleno de sabiduría

Dad, pues, a César lo que es de César, y a Dios lo que es de Dios.

MATEO 22:21

Todo tiene un origen, menos Dios, quien es el origen de todo, incluso de la sabiduría. Su sabiduría y conocimiento no provienen de alguien (Job 21:22). Esto significa que cuando Jesús, Dios hecho carne, anduvo sobre la faz de la tierra, exhibió sabiduría perfecta para que todos la vieran. Al enfrentar preguntas engañosas que parecían imposibles de contestar, Él dio respuestas que confundieron a sus enemigos. Por ejemplo, cuando le preguntaron por qué el pueblo judío debía pagar impuestos al despreciado gobierno romano, Jesús contestó: «Dad... a César lo que es de César, y a Dios lo que es de Dios. Oyendo esto, [las personas] se maravillaron, y dejándole, se fueron» (Mateo 22:21-22).

¿Te gustaría tener sabiduría? ¿La capacidad de aplicar correctamente lo que sabes? Esa es la definición de sabiduría, y el punto de partida para tu búsqueda es Dios: «El temor de Jehová es el principio de la sabiduría, y el conocimiento del Santísimo es la inteligencia» (Proverbios 9:10).

Como creyente, tu punto de partida para conocer a Dios es leer y estudiar la Biblia. Allí es donde descubrirás el «conocimiento del Santísimo». Y cada vez que requieras sabiduría (lo cual es siempre), solo debes pedirla: «Si alguno de vosotros tiene falta de sabiduría, pídala a Dios, el cual da a todos abundantemente y sin reproche, y le será dada» (Santiago 1:5).

Dios te promete sabiduría, pero debes buscarla. La sabiduría llama, pero debes responder. La sabiduría está disponible, pero debes usarla. Tampoco puedes contar con la sabiduría de ayer para las necesidades de hoy. Cuando despiertes mañana, busca nueva sabiduría a través de oración y tiempo en la Palabra de Dios. Haz esto el resto de tu vida, y te convertirás en hombre sabio.

JESÚS

Un hombre que fue siervo

El Hijo del Hombre no vino para ser servido, sino para servir, y para dar su vida en rescate por muchos.

MARCOS 10:45

Personas de todo el mundo, tanto cristianas como no cristianas, en el pasado y presente, concuerdan en que Jesús fue una gran persona. Sin embargo, Jesús nunca escribió un libro. Nunca asumió el mando de un ejército. Nunca movilizó personas para sublevarse. ¿Qué hizo Jesús para que gente de todo el mundo reconozca durante siglos que fue el hombre más admirable de todos los tiempos, el más grande que ha vivido? ¿Qué lo hizo tan grande?

En pocas palabras, sirvió a otros. El ejemplo y el mensaje de Jesús acerca del servicio se han transmitido a nosotros con esta orden: «Servíos por amor los unos a los otros» (Gálatas 5:13).

¿Luchas con la idea de servir a otros? Como hombre, ¿crees que ser un siervo no es una cualidad muy masculina? Pero Jesucristo fue un siervo, el más grandioso que ha vivido. Su misión fue «servir, y... dar su vida en rescate por muchos». Cuando haya una necesidad, no esperes a que te pidan ayuda, o a que alguien más la satisfaga. Al igual que Cristo, tú también puedes decidir actuar cada vez que sepas de una necesidad o de algo que deba hacerse.

Abre tu corazón. Abre tus ojos. Y abre tus manos. Pero, sobre todo, mira a Jesús. Él vino a la tierra con un estilo de vida diferente y un mensaje de vida radical. Definió la verdadera grandeza como servir a los demás (Mateo 20:26). Y vivió esa definición. Su misión fue servir a otros y entregar su propia vida.

Hoy día Jesús te pide que, como su discípulo, sigas su ejemplo:

- sé como Él,
- desarrolla un corazón de siervo,
- ayuda a otros, y
- empieza con quienes viven bajo tu techo: tu familia.

Jesús

Un hombre que prometió descanso

Venid a mí todos los que estáis trabajados y cargados, y yo os haré descansar.

Mateo 11:28

Jesús fue una irritación constante para los líderes religiosos de su época. Durante siglos estos dirigentes habían añadido numerosos requisitos de confección humana a la ley, las Escrituras que Dios entregó a Moisés en los cinco primeros libros del Antiguo Testamento. Estas reglas y regulaciones religiosas hicieron que el pueblo estuviera «trabajado y cargado». En resumen, estaban agotados, y agradar a Dios parecía imposible.

Jesús hizo esta invitación a su audiencia (y también a ti): «Venid a mí... y yo os haré descansar». Jesús ofrece descanso espiritual, liberación del miedo y la desesperación, y libertad de la culpa que viene de una religión basada en obras. El descanso que Jesús ofrece también brinda guía continua y ayuda del Espíritu Santo, y finalmente alivio eterno en el cielo. Pero existe una condición: no puedes conocer este descanso a menos que hagas caso a la invitación de Jesús: «Venid a mí».

¿Disfrutas descanso espiritual a través de una relación personal con Jesucristo? De ser así, esta paz y este reposo que ahora posees los experimentarás más plenamente en el cielo. Pero ¿qué pasa con el descanso físico? Jesús también entendió completamente la necesidad de esto. A sus agotados discípulos les dijo: «Venid vosotros aparte a un lugar desierto, y descansad un poco» (Marcos 6:31). Ellos acababan de regresar de un tiempo de ministerio especialmente agotador, y Jesús quiso alejarlos de las multitudes para un descanso físico muy necesario. Jesús también sabía lo que venía a continuación en el ajetreado horario de los discípulos: la alimentación de cinco mil almas hambrientas (vv. 33-44).

Para que tengas una vida cristiana equilibrada y eficaz necesitas descanso tanto espiritual como físico. Haz tu parte asegurándote de que recibirás descanso físico, ¡porque Dios tiene importante trabajo espiritual para que tú hagas en su servicio!

Jesús

Un hombre que proporciona valor verdadero

No temáis; más valéis vosotros que muchos pajarillos.

Mateo 10:31

Jesús pasó tres años enseñando y preparando a sus discípulos. Debido a que había muchos que lo odiaban, los discípulos tenían miedo de aquellos que podrían querer hacerles daño. Jesús entendía tales temores y les aseguró la vigilancia del Padre, manifestando: «No temáis a los que matan el cuerpo, mas el alma no pueden matar» (Mateo 10:28), y luego les habló de lo que ellos valían para Dios. Si el Señor valora incluso a las aves más insignificantes (los gorriones), ¿cuánto más valorará a sus propios hijos?

Algunas personas sufren de baja autoestima porque erróneamente creen que no valen nada. Otras luchan con un problema contrario: tienen un ego enorme. ¡Creen que valen todo! Ambos grupos ponen su enfoque en sí mismos y en sus habilidades o la falta de ellas.

Como cristiano, tu valía no proviene de tus habilidades, sino de tu relación con Jesucristo, quien dijo: «El que permanece en mí, y yo en él, éste lleva mucho fruto; porque separados de mí nada podéis hacer» (Juan 15:5).

Podrías tener algunas limitaciones físicas, pero Dios no ha cometido ninguna equivocación. Él te creó como alguien formidable y maravilloso (Salmos 139:14). También te otorgó valor en Cristo.

Por muchas que sean tus limitaciones, agradece a Dios por cada una de ellas. Tus limitaciones te obligan a confiar en Dios y depender de Él y su fortaleza en las áreas en que eres débil. Dios dijo: «Mi poder se perfecciona en la debilidad» (2 Corintios 12:9). Quizás no tengas éxito desde la perspectiva del mundo, pero cuando permaneces en Cristo, llevas «mucho fruto» (Juan 15:5).

Un hombre que fue agradecido

Padre, gracias te doy por haberme oído.

JUAN 11:41

Después de ser rechazado por los habitantes de Nazaret (Mateo 4:13), Jesús cambió su sede a la ciudad de Capernaum, todavía en la región de Galilea. Realizó muchos milagros maravillosos en esta región y sus alrededores, por lo que creerías que las personas lo habrían aceptado con entusiasmo como el Mesías. Sin embargo, le mostraron total indiferencia. Jesús censuró este rechazo e hizo mención especial de Capernaum (Mateo 11:20-24). Pero luego hizo algo inesperado. En lugar de abatirse, dio gracias a su Padre: «Te alabo, Padre, Señor del cielo y de la tierra, porque escondiste estas cosas de los sabios y de los entendidos, y las revelaste a los niños. Sí, Padre, porque así te agradó» (vv. 25-26). Observa que Jesús agradeció y alabó al Padre por:

- ocultar el significado de sus palabras y obras de quienes supuestamente eran «sabios» y «entendidos».
- haber elegido revelarlo a Él y su mensaje a los «niños» en lugar de los «sabios», aquellos que no eran muy educados sino humildes y dispuestos a recibir la verdad.

Jesús poseía una actitud de agradecimiento en medio de circunstancias negativas. Que fuera agradecido es realmente asombroso porque, como el Hijo de Dios, ¡creó y posee todo! Aun así, Jesús nunca dejó de demostrar un espíritu agradecido a su Padre celestial.

¿Ha sucedido algo en tu vida que parecía extraño o no tenía sentido? Tal vez estés luchando por entender cómo un Dios amoroso pudo dejar que algo tan terrible te ocurriera a ti o a un ser amado. De ser así, no estás solo. Muchas personas se preguntan por qué Dios ha permitido que pasen ciertas cosas. En lugar de cuestionar a Dios con tus porqués, aprende del ejemplo de Jesús y sé agradecido. Como la Biblia dice: «Dad gracias en todo, porque esta es la voluntad de Dios para con vosotros en Cristo Jesús» (1 Tesalonicenses 5:18).

EDITORIAL
PORTAVOZ

NUESTRA VISIÓN

Maximizar el efecto de recursos cristianos de calidad que transforman vidas.

NUESTRA MISIÓN

Desarrollar y distribuir productos de calidad —con integridad y excelencia—, desde una perspectiva bíblica y confiable, que animen a las personas a conocer y servir a Jesucristo.

NUESTROS VALORES

Nuestros valores se encuentran fundamentados en la Biblia, fuente de toda verdad para hoy y para siempre. Nosotros ponemos en práctica estas verdades bíblicas como fundamento para las decisiones, normas y productos de nuestra compañía.

Valoramos la excelencia y la calidad.
Valoramos la integridad y la confianza.
Valoramos el mérito y la dignidad de los individuos y las relaciones.
Valoramos el servicio.
Valoramos la administración de los recursos.

Para más información acerca de nuestra editorial y los productos que publicamos visite nuestra página en la red: www.portavoz.com.